岡山文庫

311

日本書票協会の創設者

志茂太郎と蔵書票の世界

倉敷ぶんか倶楽部 編

日本文教出版株式会社

岡山文庫・刊行のことば

岡山県は古く大和や北九州とともに、吉備の国として二千年の歴史をもち、遠くはるかな歴史の曙から、私たちの祖先の奮励とそして私たちの努力とによって、現在の強力な産業県へと飛躍的な発展を遂げております。

小社は創立十五周年にあたる昭和三十八年、このような歴史と発展をもつ古くして新しい岡山県のすべてを、″岡山文庫″（会員頒布）として逐次刊行する企画を樹て、翌三十九年から刊行を開始いたしました。

以来、県内各方面の学究、実践活動家の協力を得て、岡山県の自然と文化のあらゆる分野の、様々な主題と取り組んで刊行を進めております。

郷土生活の裡に営々と築かれた文化は、近年、急速な近代化の波をうけて変貌を余儀なくされていますが、このような時代であればこそ、私たちは郷土認識の確かな視座が必要なのだと思います。

岡山文庫は、各巻ではテーマ別、全巻を通すと、壮大な岡山県のすべてにわたる百科事典の構想をもち、その約50％を写真と図版にあてるよう留意し、岡山県の全体像を立体的にとらえる、ユニークな郷土事典をめざしています。

岡山県人のみならず、地方文化に興味をお寄せの方々の良き伴侶とならんことを請い願う次第です。

蔵書票の世界

図1　山高登・帆船

図2　恩地孝四郎・井戸

図3 敦澤紀恵子・トロロアオイ

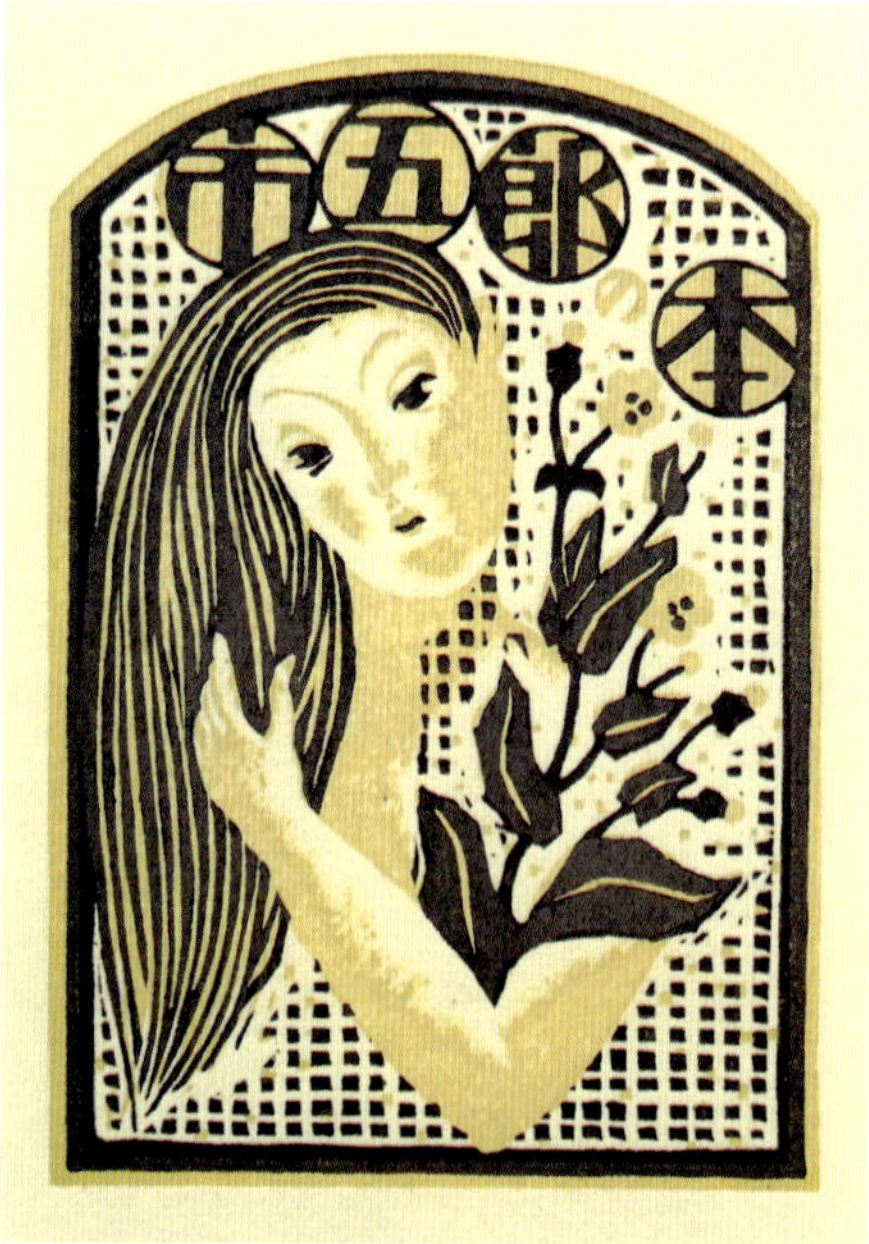

図5　敦澤紀恵子・少女と花

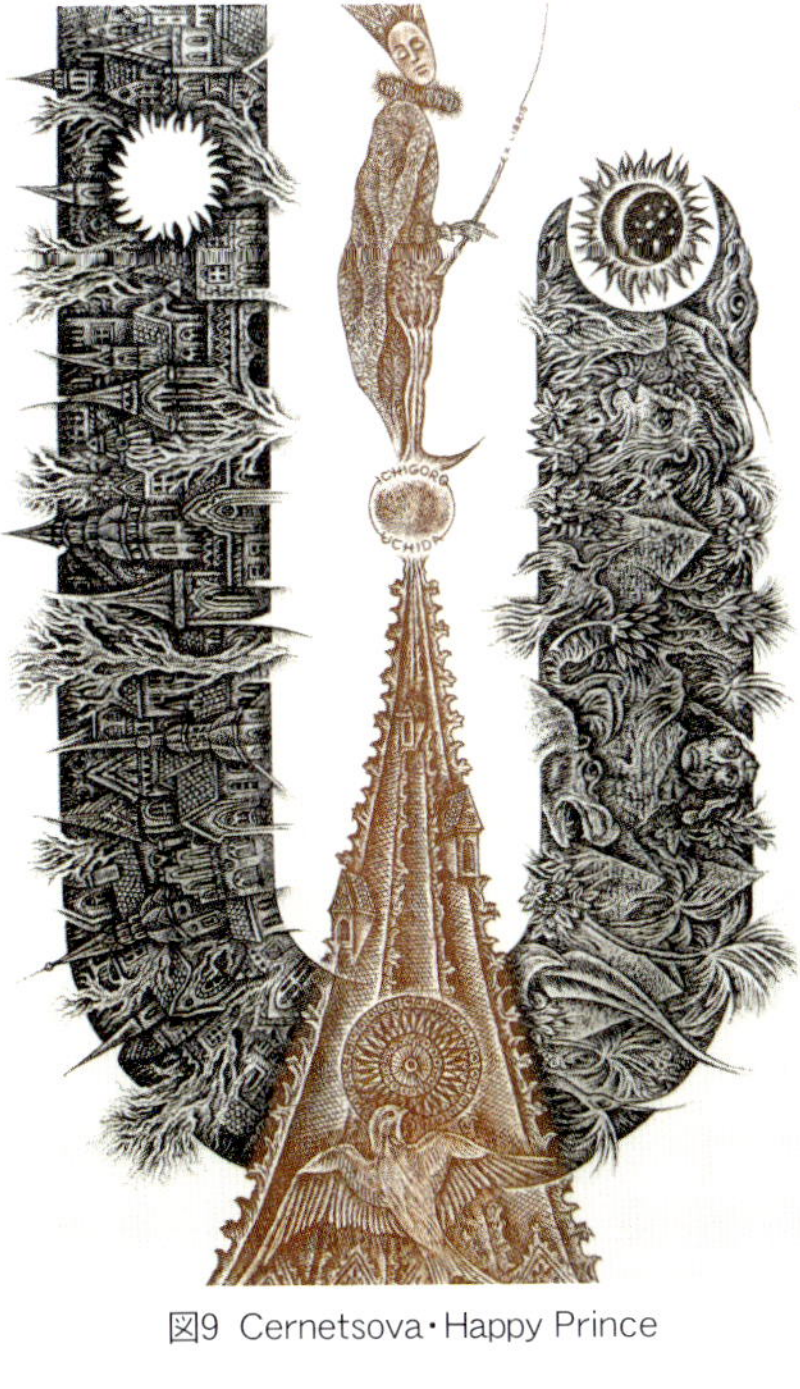

図9 Cernetsova・Happy Prince

図11　佐野隆夫・地震と書棚

図12　山中現・夜の窓

図13　松原秀子・アネモネと女性

図14 高田正彦・センリョウ

図15　西川洋一郎・月夜の散歩

図16　原美明・スミレの花咲くころ

図17　伊藤卓美・どんぐりと山猫

図18　染谷ひさお・ヴァイオリニスト

図19　柳田基・雪の高社山

志茂太郎の生家に遺されていた蔵書票 抄

畦地梅太郎 1966

畦地梅太郎 1967

大本靖 1966

大本靖 1973

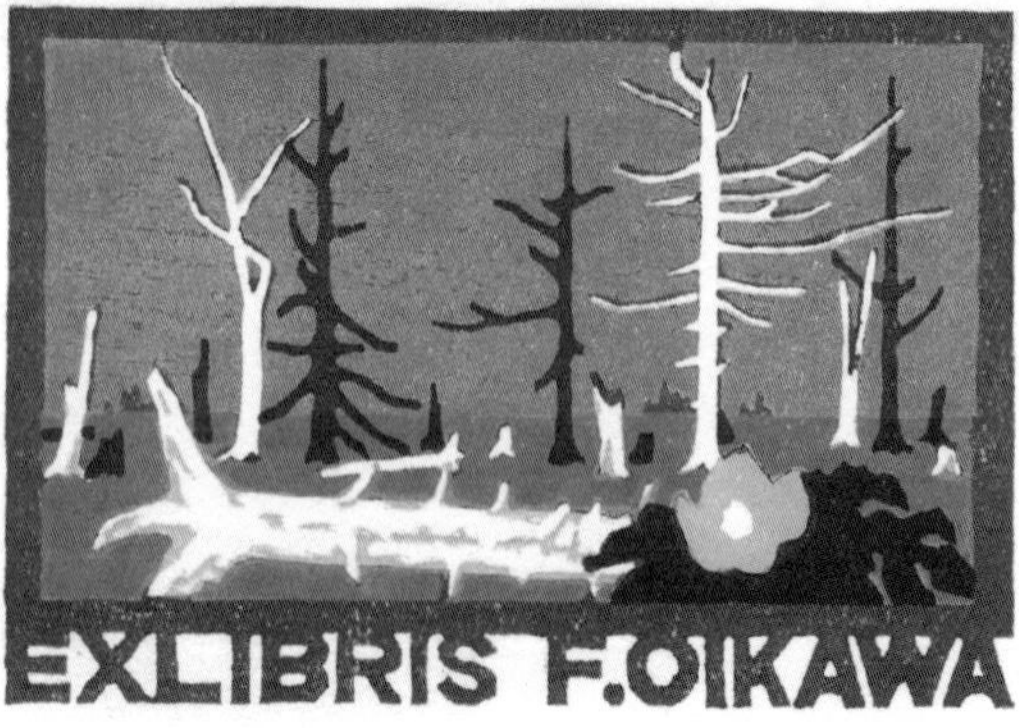

池田修三 1969

岩田覚太郎 1974

加藤八洲 1973

川上澄生 1967

川上澄生 1968

川上澄生 1969

川上澄生 1970

清宮質文 1975

北岡文雄 1966

北岡文雄 1969

小口尅美 1970

斉藤清 1968

武井武雄 1967

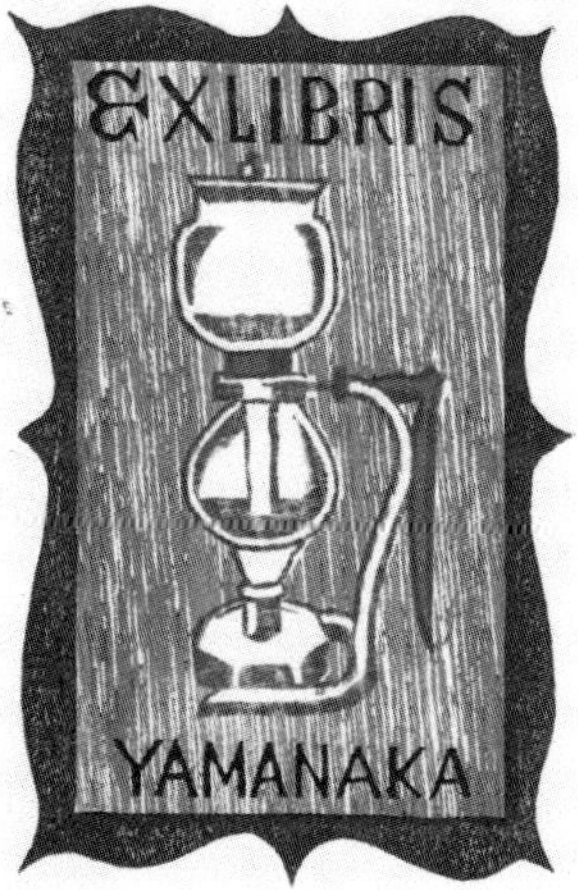

武井武雄 1968

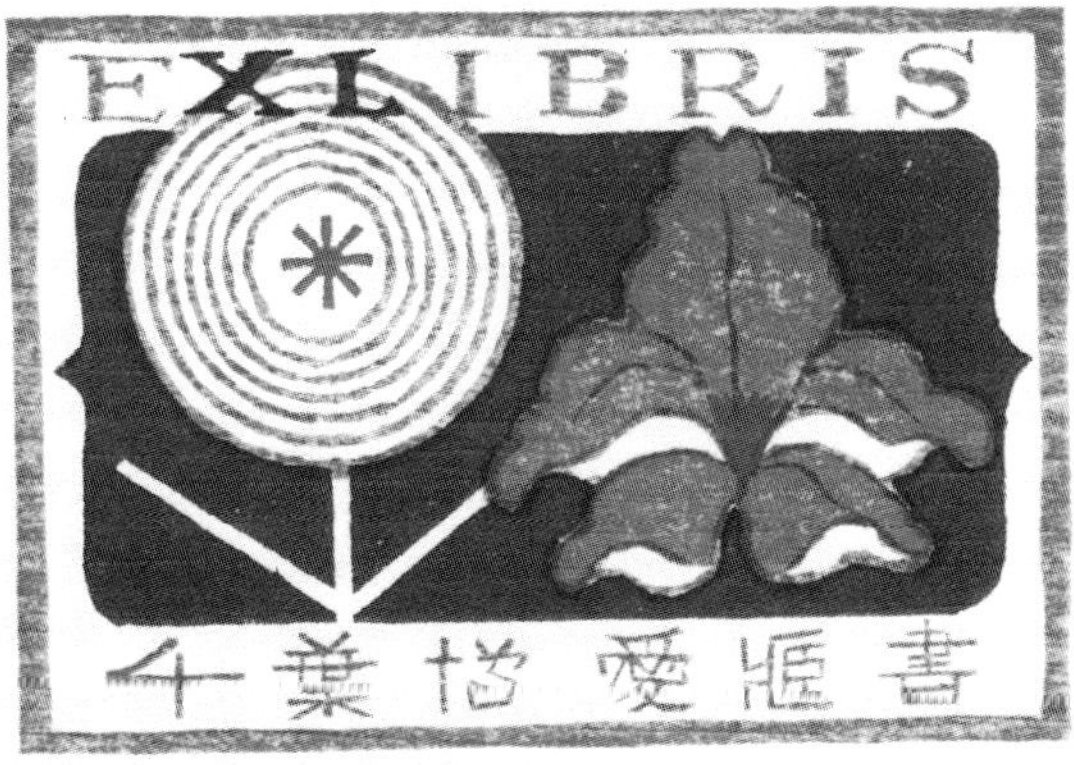

武井武雄 1969

西原比呂志

橋本興家 1967

橋本興家 1968

前田政雄 1970

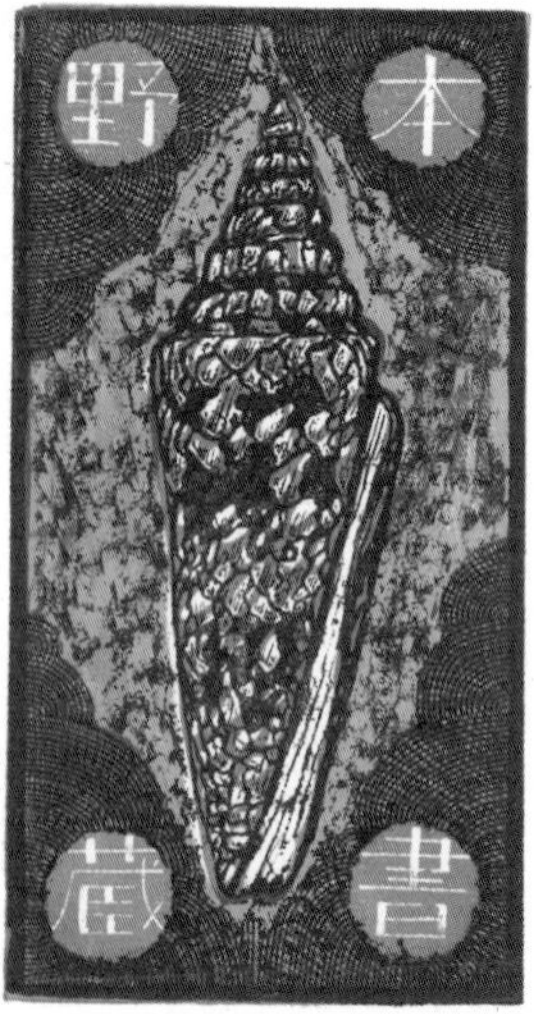

日和崎尊夫 1975

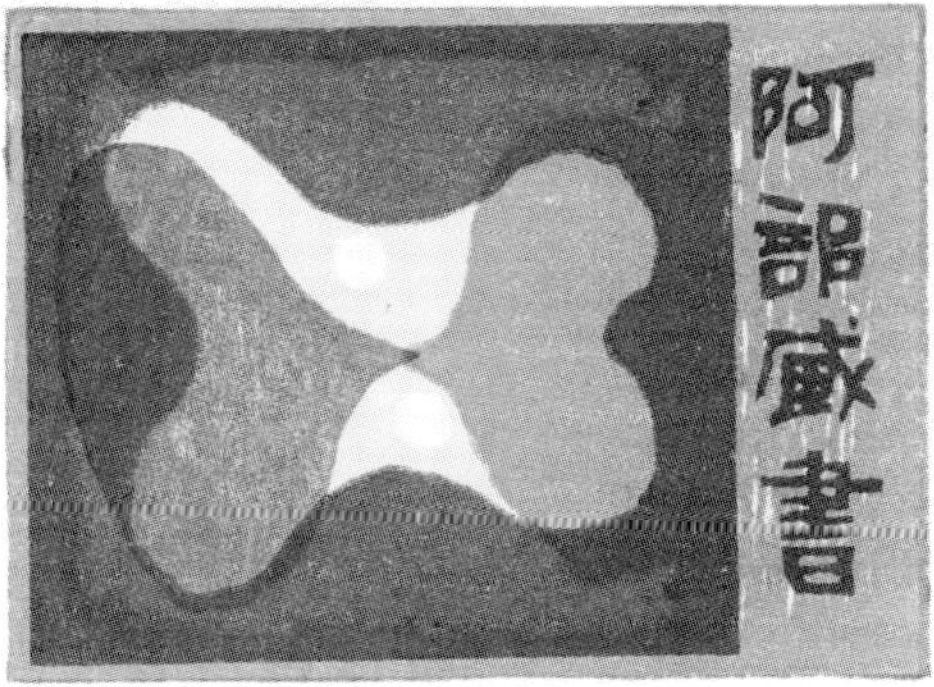

山口源 1966

山口源 1970

金守世士夫 1968

金守世士夫 1974

水船六洲 1970

守洞春 1969

吉田穂高 1970

ガストン・プチ 1075

目　次○日本書票協会の創設者　志茂太郎と蔵書票の世界

口絵1・カラー　蔵書票の世界
口絵2・モノクロ　志茂太郎の生家に残されていた蔵書票 抄

1章　蔵書票ってなんですか？　内田市五郎・35
1　蔵書票ってなんですか？
2　蔵書票には文字がある
3　蔵書票の図柄
4　物語る蔵書票
5　蔵書票の枚数、サインの有無
6　なんときれいで小さな版画だろう！

2章　志茂太郎と日本書票協会　内田市五郎・57
1　「書票」という名称について
2　『書窓』の創刊
3　書票カレンダーの創刊
4　版画カレンダーの存在
5　「版画カレンダー」から「書票カレンダー」へ
6　『書窓』から『日本愛書会通信』へ
7　『日本愛書会通信』の始まり——終戦から戦後へ
8　終戦直後の書票暦
9　前川千帆の『浴泉譜』

10 海外の書票協会との交流
11 日本書票協会の創立
12 書票への世間の関心が高まる
13 愛書会から日本書票協会へ
14 志茂太郎の死

3章 志茂太郎に協力した版画家たち　川本　茂・99

4章 志茂太郎と久米南町図書館　久米南町図書館・115

1 志茂太郎と久米南町図書館
2 久米南町図書館の書票の顕彰活動
3 書票を広める取り組み

5章 資料編　志茂太郎・136

1 再録　蔵書票のはなし
2 志茂太郎の略歴
3 日本書票協会の略年譜

取材日記・112
あとがきにかえて・156

カバー写真…志茂太郎と蔵書票
扉写真…見返しに貼られた蔵書票

1章　蔵書票ってなんですか？

内田市五郎

1　蔵書票ってなんですか？
2　蔵書票には文字がある
3　蔵書票の図柄
4　物語る蔵書票
5　蔵書票の枚数、サインの有無
6　なんときれいで小さな版画だろう！

1　蔵書票ってなんですか?

北鎌倉の住宅地にある画廊で、蔵書票の展覧会をした若い画廊主が、お客さんからたびたび「蔵書票って何ですか?」ときかれて、それに要領よく答えるのに苦労したそうである。

たしかに、展示された蔵書票を初めて見て、いったいこれは何だろう? 何に使うのだろう? と思わない人はいないと思う。

「蔵書票とは何だったのですか?」に対する答えならずっと簡単かもしれない。「蔵書票」を『広辞苑(第二版)』で引くと、「書籍に貼付して書籍の所蔵者を示すために印刷した小票。書票。エクス・リブリス」となっている。これはたしかに蔵書票の説明として間違ってはいないが、今日の蔵書票を十分には語っていない。まず、今日では蔵書票を自分の本に貼る人はまれである。もちろん貼ってもさしつかえないが、蔵書票は本に貼らなくても良いのである。

『広辞苑』の定義のなかの「印刷した小票」というところが大事な点であるが「印刷した小票」を言い換えると「小さな版画」となる。つまり蔵書票は「小さな版画」なのである。今では、蔵書票はもはや書籍の付属物ではない。独立した作品なのだ。これは四十年間蔵書票を見て来た私の蔵書票観だが、私の回りの人達や海外の蔵書票作家の中にも同じような考えの人が多い。

蔵書票はしゃれた額に入れて玄関に掛けたりすると気分が変わっていいものですよ、という言葉を蔵書票のコレクターでない人が言うのを耳にしたことがある。現実の蔵書票はこんな風に見られ、扱われている。これが時勢というものだ、と言うしかない。

2 蔵書票には文字がある

しかし「小さな版画」と蔵書票は違う。まず、蔵書票には文字が入っている。例えば図1（口絵参照）の蔵書票にはEx Libris 日本書票協会という文字が彫られている。（登という文字も見えるが、これはこの版画の作者の名前「山高登」の一部だから蔵書票でなくともありうることだ。）

Ex Libris（エクス・リブリス）はラテン語で、exは「～から」librisは「蔵書」、つまり、「Ex Librisは「誰それの蔵書」という意味になる。「日本書票協会所蔵の本」というわけである。山高さんの絵は順風満帆を表しているのだろう。

別な例を見よう。図2（口絵参照）は1943年（昭和18年）に恩地孝四郎が作った蔵書票でEX・LIBRIS Y・INOUEという文字が見える。調べてみるとこの票主（ひょうぬし、または、ひょうしゅ）は井上嘉瑞（よしみつ）であるから、井上の名前にかけて井戸の図を選んだのかもしれない。

この蔵書票ではEX・LIBRISと大文字を使っている。Exlibrisを1語にしようが、Ex Librisと2語にしようが、あるいは中に・を入れようが、全部を大文字にしようが、蔵書票を意味することは一目瞭然なので心配ない。蔵書票特有の文字についてもう少し説明させてもらうと、Exlibrisの代わりに日本語を使って、図3（口絵参照）のように「～蔵書」とする場合もある。

この蔵書票は敦澤紀恵子が1978年に作った板目木版多色刷りの作品で花は白花のトロロアオイである。敦澤（つるさわ）さんがこの花を選んだ理由は聞きそびれたままになっているが、志茂太郎がこの植物に特別な関心をもっていたので、横道にそれるがそのことに触れてみたい。

志茂太郎は自分の主宰する日本愛書会の会員に昭和18年（1943年）5月に『日本愛書会消息』（図4）という印刷物を郵送する。これは1枚のB5判サイズのザラ紙に片面印刷しただけの刷り物だが、ここに前川千帆が描いたトロロアオイの花の絵がある。志茂太郎は会員に「日本愛書会の会華と

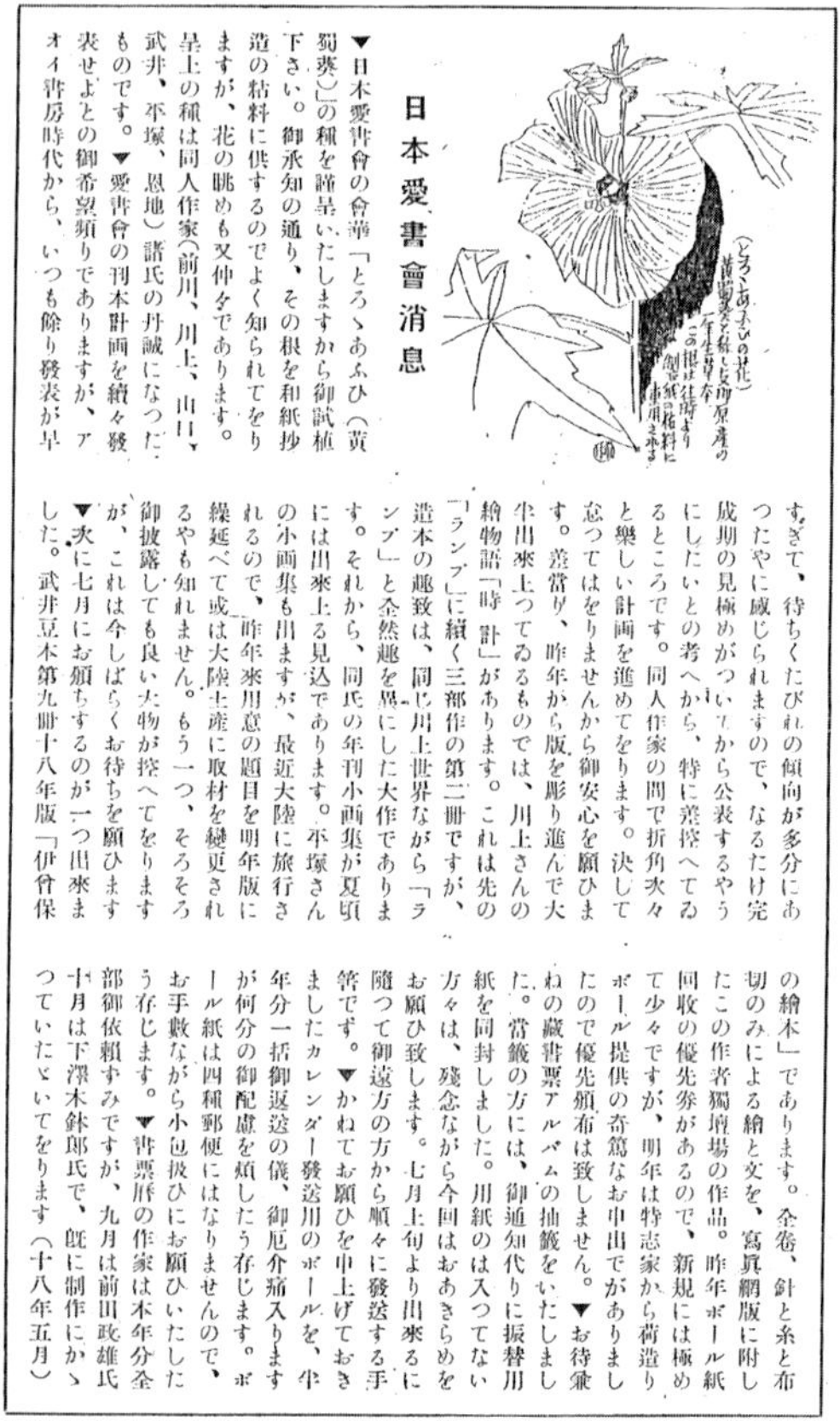
（とろゝあふひの花）

日本愛書會消息

▼日本愛書會の會華「とろゝあふひ（黄蜀葵）」の種を謹呈いたしますから御試植下さい。御承知の通り、その根を和紙抄造の粘料に供するのでよく知られてをりますが、花の眺めも又仲々であります。呈上の種は同人作家（前川、川上、山口、武井、平塚、恩地）諸氏の丹誠になつたものです。▼愛書會の刊本計画を續々發表せよとの御希望頻りでありますが、アオイ書房時代から、いつも餘り發表が早すぎて、待ちくたびれの傾向が多分にあつたやに感じられますので、なるたけ完成期の見極めがついてから公表するやうにしたいとの考へから、特に差控へてゐるところです。同人作家の間で折角次々と樂しい計画を進めてをります。決して怠つてはをりませんから御安心を願ひます。差當り、昨年から版を彫り進んで大半出來上つてゐるものでは、川上さんの繪物語「時計」があります。これは先の「ランプ」に續く三部作の第二冊ですが、造本の趣致は、同じ川上世界ながら「ランプ」と全然趣を異にした大作であります。それから、同氏の年刊小画集が夏頃には出來上る見込であります。平塚さんの小画集も出ますが、最近大陸に旅行されるので、昨年來用意の題目を明年版に繰延べて或は大陸土産に取材を變更されるやも知れません。もう一つ、そろそろ御披露しても良い大物が控へてをりますが、これは今しばらくお待ちを願ひます▼次に七月にお頒ちするのが一つ出來ました。武井豆本第九冊十八年版「伊曾保の繪本」であります。全巻、針と糸と布切のみによる繪と文を、寫眞網版に附したこの作者獨壇場の作品。昨年ボール紙回收の優先券があるので、新規には極めて少々ですが、明年は特志家から荷造りボール提供の奇篤なお申出でがありましたので優先頒布は致しません。▼お待兼ねの藏書票アルバムの抽籤をいたしました。當籤の方には、御通知代りに振替用紙を同封しました。用紙のは入つてない方々は、殘念ながら今回はおあきらめをお願ひ致します。七月上旬より出來るに隨つて御遠方の方から順々に發送する手筈です。▼かねてお願ひを申上げておきましたカレンダー發送用のボールを、半年分一括御返送の儀、御厄介痛入りますが何分の御配慮を煩したう存じます。ボール紙は四種郵便にはなりませんので、お手數ながら小包扱ひにお願ひいたしたう存じます。▼書票牌の作家は本年分全部御依賴すみですが、九月は前田政雄氏十月は下澤木鉢郎氏で、既に制作にかゝつていたゞいてをります（十八年五月）

図4

ろろあふひ（黄蜀葵）の種を謹呈いたしますから御試植下さい。御承知の通り、その根を和紙抄造の粘料に供するのでよく知られてをりますが、花の眺めも又仲々であります。（以下略）」と述べている。この年、志茂太郎の「書票暦」が始まったのだが、くわしい話は後述することとして、ここでまた蔵書票の文字の問題にもどろう。

図3の蔵書票を敦澤紀恵子さんにお願いしたのは、この年（1978年）に敦澤さんとの手紙のやりとりが始まったからだと思う。私は敦澤さんの蔵書票の新鮮なデザインに惹かれて1979年にも蔵書票を注文した。それが図5（口絵参照）であるが、ここの文字は「～の本」という表示になっている。当時私は英語の教員をしていたので、「Bookplate of ～ から思いついたものにちがいない。

蔵書票作家は文字の書体や位置に神経を使う。海外の蔵書票の中には拡大レンズがないと読めない程度の小さな文字が彫られているものも多い。しかし、文字をひとつのデザインとして眺めれば、邪魔者扱いする必要はなくなるはずである。

3　蔵書票の図柄

蔵書票が「小さな版画」と異なる第二の点は、蔵書票の絵の特徴である。西洋の蔵書票の起源が紋章だったことが示すように、蔵書票の絵は票主に何らかの関係のあるもの、例えば、票主の職業や趣味や専門を示す図柄が望ましいとされている。

これから筆者の蔵書票を何点かとり上げて、その図柄を紹介してみるが、これらは決して良い蔵書票の例というわけではない。ただ、こういう図柄（テーマといってもいいかもしれない）を自分で思いついて、版画家に依頼し、作品が出来上がってきた時の喜び（まれには落胆）は、画廊で版画を買う時の楽しみとは別のものである。しかも、蔵書票には「交換の楽しみ」がある。交換場で自分の蔵書票の図柄を説明し、相手の蔵書票の説明を聞く、これが蔵書票の楽しみの頂点だと思う。

さて、図6は1987年にベルギーのヴェルメイルン（Antoon Vermeylen, 1931―2012）が作った木口木版である。老眼鏡をかけて読書する票主（ネズミ年です）の頭上を本を銜えたカラスが飛んで行く。このカラスは筆者が当時読んでいたエドガー・アラン・ポーの「大鴉」に因んだもの。ヴェルメイルン氏はとても良いお人柄で、彼の蔵書票には常にやさしさとユーモアが満ちていた。

図7も木口木版で、ポーの肖像と大鴉の組み合わせ。版画家の名前はレズリー・ベネンソン（Leslie Charlotte Benenson 英国）。ベネンソンさんは過去十年以上連絡がとれず、みんなから惜しまれている。図8はベネンソンの力作蔵書票で、これこそ額に入れて玄関に飾れる作品だと思う。彼女を紹介してくれたのは故クリフ・パーフィット氏（2017年没）だった。この蔵書票を作ってもらったのは1984年のことで、かすかに残っている記憶をたよりに制作のいきさつを書いておきたい。

図6

図7

図8

ベネンソンは何点も票主未定の蔵書票をもっていた。彼女は私にそのうちの何点かを郵送してきた。その中から私はシュロップシャーのラドロー（Ludlow）城の風景が気に入ってそれを私の蔵書票にしてもらおうとした。そしてラドローからA・E・ハウスマン（Housman）を思いつき、彼の詩集の中の「私は笛をとって吹く」という詩句を蔵書票の中へ入れてもらうことにした。さらに、その頃筆者はバロック音楽に用いるフラウト・トラベルソという木製のフルートを片岡正美先生から習っていたので笛も入れて下さいと頼んだ。当然ながら、彼女はフラウト・トラベルソがどんな笛なのか知らなかったので、私は自分の笛の写真を何枚も撮って送った。だから、この蔵書票の左下に彫られた笛は、かなり本物に近い姿になっている。ベネンソンさんはよくも面倒な注文を受け入れてくれたものと今となって感謝の念が深まるばかりである。

4　物語る蔵書票

筆者は自分が読んで面白かったり、感動したりした小説や物語からの一場面を蔵書票にしてもらうことが多い。いわば「挿絵」を蔵書票にするのであるが、この「挿絵」は既製品ではなく、筆者が版画家に注文して出来た新しい挿絵である。時には筆者の方から特定の場面をお願いすることもあるが、筆者の経験では、版画家へ依頼する場合、小説や物語の題名のみを告げて、どの場面を絵にするかは版画家におまかせするのが良い結果を生むようだ。

オスカー・ワイルド（Oscar Wilde）の童話は英文が読みやすく、内容も面白いので短大でしばしば教材として使った。特に「幸福な王子」と「身勝手な大男」はいつ読んでも学生に喜んでもらえた。

ラトヴィア（Latvia）に住むナターリア・チェルネツォーヴァ（Natalia Cernetsova）さんは手のこんだ銅版の蔵書票を作る人で、版画家として上手な上に、気さくな人柄なので、蔵書票の世界では誰からも好かれている。この人は東京都練馬区の拙宅まで来てくれたこともあるが、「幸福な王子」の蔵書票をお願いしたら、図9（口絵参照）に掲げたすばらしい銅版二色刷りの大きな蔵書票を作ってくれた。彼女はこの童話を十分に読み込んで、燕が語るエジプトのピラミッドや河馬やライオンが彫り込まれている。一方に並んでいるのは燕が王子の宝石を運んでいく街並である。そして中央に、燕と塔頂の幸福な王子の像。いたれりつくせりの絵柄で、「幸福な王子」の挿絵としても通用しそうだが、しかし、これは蔵書票であって、すべての光景が筆者のイニシャルI. U.の嵌め絵になっている。彼女は後にこの蔵書票について「ああいうのは二度とは出来ないですよ」と言っていた。

ワイルドの童話にもとづく蔵書票としてもうひとつ取り上げたいものがある。今度の童話は「ナイチンゲールと薔薇（The Nightingale and the Rose)」である。この物語は教室では短大の教員になったばかりの頃に一度

図10

読んだような気がするだけで、その後は読んでいない。ナイチンゲールがバラの木に言われて、命を捧げる場面はかなり官能的で、私自身若い頃は好きな作品であったので、この物語からブルガリア生まれのピーター・ラザロフ（Peter Lazarov, １９５８—）に蔵書票を作ってもらった。彼が作ってくれたのは図10の木口木版で１９９２年のことだった。小鳥がバラのとげに胸をあてて、ついには心臓をとげが貫き、鳥は命絶え、同時に白薔薇の木に真紅の薔薇の花が咲く、というストーリーをラザロフはこういう絵にしてくれた。ワイルドの話とそっくり同じではないが、共通するものも感じられる。

5　蔵書票の枚数、サインの有無

２０１１年3月11日の東北大地震の時の私の書庫は、本棚は倒れなかったものの、書棚から本が飛び出して床に散乱した。その有様を写真にとって、それを四国の高松にいた佐野隆夫さんへ送り、蔵書票にしてもらったのが図11（口絵参照）である。佐野さんは心を癒すようにとの思いからか、床に落ちた本の書名のHEALINGという文字を彫ってくれた。口絵のカラー頁にあるこの蔵書票の左下に鉛筆で2―29／50と書いてある。29／50は50枚刷ったうちの29枚目という意味である。

蔵書票を注文する時、何枚刷るかは票主が決める事だが、通常は50枚にすることが多い。蔵書の数を考えると少なすぎる数であることは確かだが、前述したようにすべての本に蔵書票を貼るわけではないので、50枚で不便はない。佐野さんの蔵書票には2―29／50という数字が見える。一番左側の2は、いわば第2版ということで、最初の50枚が無くなってしまったので、あらたに50枚追加注文したことを示している。

蔵書票にこういうデータを記入するかしないかは、主として版画家が決めている。中国の上海には制作枚数は必ず記入すべきだ、と主張する人がいるが、筆者は状況に任せている。佐野さんの蔵書票には右下にサイン（署名）もある。これについては入れてもらったほうが蔵書票に重みがでるらしい。

6　なんときれいで小さな版画だろう！

さて、ここまで、蔵書票の今日の姿、すなわち、今日では蔵書票がどういう風に扱われ、作られているか、蔵書票の面白さとは何かなどについて筆者の手もとにある蔵書票を図示しながら説明を試みてきたが、蔵書票ってずいぶん面倒なものだなあー、と思われてはいけないので、この章のおしまいに、何点かの最近の日本の蔵書票をご覧にいれて、蔵書票の美しさ、楽しさをご紹介してみたい。

すべてが色刷りの蔵書票なので、口絵をご参照下さい。これらはすべて日本書票協会の比較的新しい書票暦からさまざまな版種を選んでいる。蔵書票の制作年順に版画家のお名前だけここに挙げる。

図12　山中現　　図13　松原秀子

図14　高田正彦　　図15　西川洋一郎

図16　原　美明　　図17　伊藤卓美

図18　染谷ひさお　　図19　柳田　基

（日本書票協会会長）

※旧仮名遣いで書かれた文章を引用する場合、原文通りになっていない場合があります。

2章 志茂太郎と日本書票協会

内田市五郎

1 「書票」という名称について
2 『書窓』の創刊
3 書票カレンダーの創刊
4 版画カレンダーの存在
5 「版画カレンダー」から「書票カレンダー」へ
6 『書窓』から『日本愛書会通信』へ
7 『日本愛書会通信』の始まり――終戦から戦後へ
8 終戦直後の書票暦
9 前川千帆の『浴泉譜』
10 海外の書票協会との交流
11 日本書票協会の創立
12 書票への世間の関心が高まる
13 愛書会から日本書票協会へ
14 志茂太郎の死

1　「書票」という名称について

この章では「蔵書票」の代わりに「書票」を使わせていただきたい。「書票」という語を志茂太郎が使い始めたことは、よく知られているが、それがいつ、どこで文字として使用されたか、つまり「書票」の初出についてはあまり明確ではない。

1章にも触れたように、「書票」は『広辞苑』の第二版第一刷（昭和44年5月16日発行）に採用され、志茂太郎はそれをたいへん喜んだ。志茂は「書票」という語について「これは書票暦創刊の昭和十八年の付録通信第一号にはじめて発表して以来のわれわれの新造語である。旧来の「蔵書票」なる語は、語感がどうもすっきりしないので、耳ざわりな蔵の字をはずして「書票」の二字だけとしたものである」と書いている（注1）。

この文を書いた時志茂は78歳だったが、「付録通信第一号」という名称は記憶違いで、正しくは「日本愛書会消息第一号」である。（消息とは耳慣れない用語だが、志茂はそれを「便り」や「通信」の代わりに使っていた。）「日本愛書会消息第一号」は、本書の1章40頁の図4に見られるとおり、ザラ紙に片面印刷しただけの刷り物だが、この中で志茂は「蔵書票アルバム」と「書票暦」という語を使っている。つまり彼はこの頃、蔵書票と書票を併用していたわけだが、この後者の用例を「書票」の初出と考えたようである。「日本愛書会消息第一号」は昭和18年5月に発行されているが、それより数ヶ月前に志茂と恩地孝四郎は「書票カレンダー」という名称を『書窓』（14巻6号、昭和18年1月発行）の中で使っている。もっとよく調べれば、初出の年代はさらにさかのぼれるかもしれないが、ここでは「書票」という新造語は恩地孝四郎と志茂太郎が二人で昭和18年頃考え出したものらしい、ということにしておきたい（注2）。

2　『書窓』の創刊

志茂太郎は明治33年（1900年）8月23日岡山県久米南町山ノ城の醸造家の長男に生まれた。大正13年（1924年）東京の酒販売会社「伊勢元」へ入社。昭和4年（1929年）現在の東京都中野区に「伊勢元」の支店を設け、同地へ移った。この伊勢元酒店の、通りをはさんだ向かい側に恩地孝四郎の家があり、志茂は恩地と親交を結ぶようになる。昭和9年（1934年）酒店経営のかたわら、出版社アオイ書房（注3）を興し、恩地の協力を得て、昭和10年（1935年）に書物雑誌『書窓』を創刊する。この雑誌と書票はきってもきれない関係になる。書票カレンダーは『書窓』から生まれた、と言ってよい。

昭和10年4月10日に発行された『書窓』創刊号（図20）は、菊判を一回り大きくした縦長の、しゃれた感じの判（縦23・5×横16・5㎝）で、雑誌に

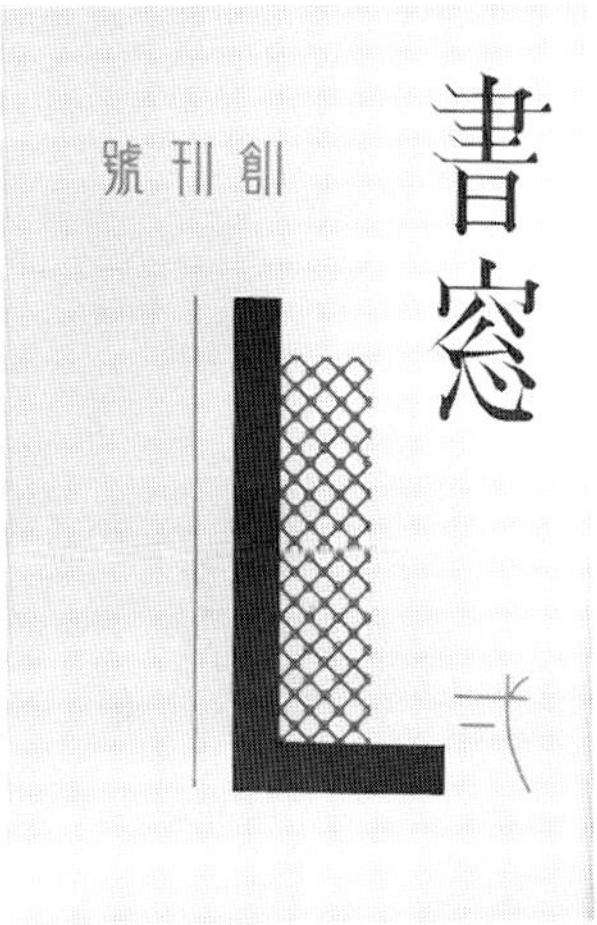

図20

図21

もかかわらず、700部限定、各冊に番号が入っている。全80頁でカラー口絵が1枚ついている。志茂は巻末の「雑用手帳」に創刊の辞を述べている。その一部を引用すると「(この雑誌の)編輯の事は、一切をあげて恩地先生にお願いしてありまして、私の受持は、もろもろの雑務をつかさどる者也という事になっておりますので、今後毎号ここのページにノート代りの雑用記を書かせて戴きます。

『書窓』は読む雑誌であると同時に、眺めても楽しめる雑誌たらしめるべく、視的効果を高めるため、紙質印刷等には実は人知れぬ費用を投じておるのであります。(中略)アオイ書房は純粋に私の道楽仕事です。本を作って儲けようなどとは、私はかつて一度も考えて見たこともありません。この『書窓』も皆さんからお預りした会費に、私の財政として、身分不相応に陥らぬほどほどに、月々何分かずつの足し前をして、その範囲で極力いい雑誌を作って皆さんとご一緒に楽しもうと申すのが偽りない私の真意であります。恩地先生も私の道楽相手のおつもりで、全くのご好意から、お手伝い下さっている事を合わせてご披露申上げておかねばなりません。」

この堂々たる『書窓』が、第二次大戦の激化にともなう種々の統制を受けて、昭和19年（1944）の6月にはついに終刊号を出す（図21）のだが、すでに何号か前から『書窓』は用紙統制によりザラ紙A5判4頁の小冊子になっていた。出版統制令によって、『書窓』は昭和17年9月号をもってアオイ書房から離れ、同年10月号からは日本愛書会が『書窓』の発行元となる（日本愛書会は愛書会と同じ）。（注4）

3　書票カレンダーの創刊

志茂は昭和18年（1943）1月発行の『書窓』第14巻第6号の「雑用手帳」の中に、『書窓』の刊行が出版統制令によりアオイ書房から日本愛書会の手に移ったのを機会に紙面の刷新を試み、書票カレンダーを創刊することを以下のように述べる。ここには書票カレンダー創刊の意図が明瞭に記されているので、煩をいとわず、「雑用手帳」の冒頭から引用する。

「新装の『書窓』をお目にかける。引続いての消息輯では新装も大げさだが、もともと読みものとしてよりも、誌册そのものの鑑賞に堪えるようとのねらいで生れた『書窓』にあっては、当節の配給紙で本巻を作って見ても無意味だし、然も近い将来、かつてのような用紙が雑誌に使うほど出て来る見込みは、いよいよ全く絶たれてしまった。当分の間雌伏のほかないとすれば、つなぎの間刊でなく、小輯なりに色どりを加えて楽しいものにしたいというころから、今度刊行が愛書会の手に移ったのを機会に、月々愛書会同人作の書票カレンダーを添え、毎号巻頭に同人が立ちかわり自刻木版のカットを掲げての随想一篇ずつ紹介という企画である。本誌の方は何としても消息輯であるが、書票カレンダーは、これだけ独立しても本格もので、充分御清鑑に堪えることと思う。」（図22）

愛書会同人とは、自然発生的に恩地孝四郎の邸宅へ集まった版画家たちのことで、恩地は日本版画協会の実務を担う理事長だった。

書票カレンダーの暦の部分については井上嘉瑞が志茂に頼まれて担当した。井上は『書窓』の同じ号に「『書窓』の附録として、創作版画の蔵書票を貼込んだ月暦を毎月頒布したいから、その暦の意匠を考えてくれまいかと志茂さんから言われるままに安請け合いしてしまった」と書いている。

志茂は『書窓』がザラ紙4頁という体裁になってしまったので、会員（購読者）へのサービスとして、恩地の協力を得て書票カレンダーの提供を始め

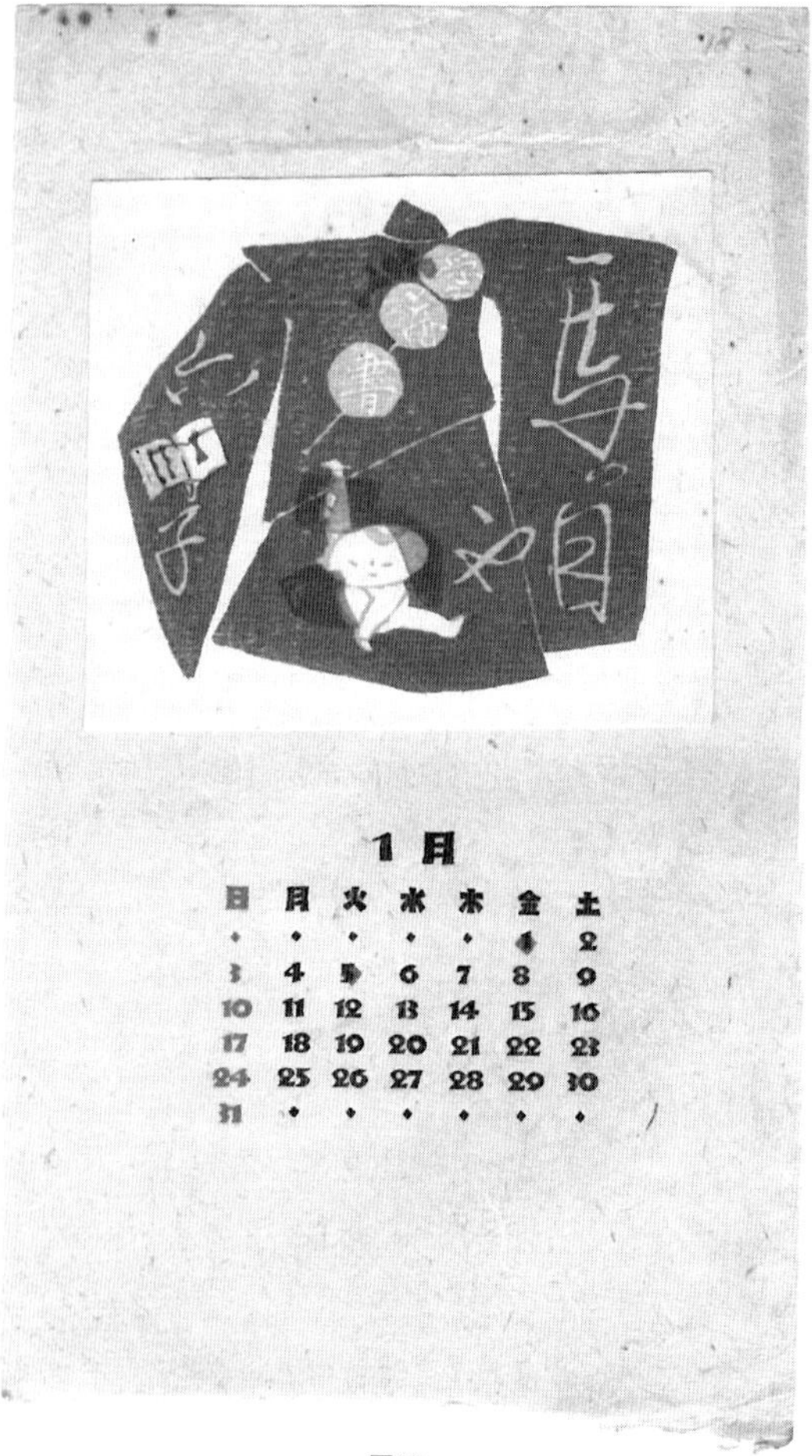
1月
日 月 火 水 木 金 土
1 2
3 4 5 6 7 8 9
10 11 12 13 14 15 16
17 18 19 20 21 22 23
24 25 26 27 28 29 30
31

図22

たのだろう、とも考えられるが、しかし、本来書票とカレンダーには何の関係もない。志茂がこの組み合わせを実行するまでは世界のどこにも書票カレンダーというものはなかった。志茂はどこから書票と暦の結合のヒントを得たのか？

4　版画カレンダーの存在

書票とカレンダーの組み合わせはなかったが、版画とカレンダーの結びつきは前からあった。『日本版画協会史１９３１―２０１２』（注５）によれば、日本版画協会は昭和11年（１９３６年）の1月に版画カレンダーを制作する会員を募集している。協会事務費を補う目的で、毎月1点のカレンダー（版画と暦）を会員が制作して一般に頒布したのである。図23として左頁に掲載したのが、昭和12年の正月のカレンダーで、平塚運一の多色木版の版画である。このカレンダーは志茂の書票暦よりひとまわり大ぶりで、暦の文字を含めて全体をひとりの版画家が彫っている。したがって、暦の文字は毎月書体が異なる。カレンダー全体のレイアウトは版画家にまかされていたらしく、版画と暦の配置はさまざまだ。カレンダーとは別に、毎月版画家の「作者の言葉」があり、カレンダー事務担当の版画家（前川千帆）による連絡記事があった。

図23

例えば昭和12年2月の「カレンダー事務」にはカレンダーが各方面から好評をもって迎えられ、カレンダー申込みが殺到したと書いてある。版画家は版画協会の会員たちで、畦地梅太郎が昭和12年8月のカレンダーに「新顔」として登場している。

5 「版画カレンダー」から「書票カレンダー」へ

この版画カレンダーは数年間続いたが、先の『日本版画協会史』によると、昭和19年（1944年）1月に「警視庁特高課よりカレンダー事務所へ出頭通知。平塚運一夫人が出頭し、実績申告及び材料を提出。」同年5月には「版画カレンダー廃刊につき再度の呼出しをうけ、前川千帆が出頭。5月末の廃刊届を提出」となった。

「書票カレンダー」と「版画カレンダー」の関係を時間の流れの中に置いてみると、「書票カレンダー」の創刊が昭和18年1月。この時点では「版画カレンダー」はまだ刊行されていた。しかし、「版画カレンダー」への当局の風当たりはかなり急で、昭和19年1月に「版画カレンダー」の事務所へ警視庁特高課からの出頭命令が届き、「版画カレンダー」は同年5月末に廃刊届けをだしている。

筆者には、「版画カレンダー」の廃刊は昭和19年1月の呼出し以前から、何らかの形で日本版画協会へ知らされ、協会の理事長であった恩地孝四郎も知っていたのだと思われる。恩地は「版画カレンダー」の廃止の近いことを知って、「版画カレンダー」で活躍していた版画家たちの活動の場を、志茂太郎の『書窓』に見いだし、志茂もその案に賛成して、「版画カレンダー」の版画家がそっくり『書窓』へ移動して「書票カレンダー」を作るようになったのであろう。

「版画カレンダー」には月々のカレンダーを制作した版画家の一言が別紙に印刷され頒布されていた。この方式は「書票カレンダー」にもそのまま踏襲された。

かくして「書票カレンダー」は昭和18年1月から『書窓』の中で生き延びたが、志茂は、いずれ『書窓』の終刊も近いことを予想していた。彼は昭和19年4月発行の「愛書会通信」に次のように書いている。

「なお、ここで雑誌も大整備がありますので、現在は全く愛書会の通信機関にすぎない『書窓』も表向き公刊雑誌となっている関係上、必然このままでは続けられぬ事になると思います。その上は新たに純会報、通信としての連絡機関を設けますから一向支障ありません。」

志茂の予想通り『書窓』は昭和19年6月号（第17巻第5号）をもって終刊する。（最終号の発行日は6月15日となっているから6月号としたが、『書窓』の巻号数は独特で、この6月号は第17巻第5號と記載されている。）

A5版のザラ紙4頁になった最終号の記事から恩地孝四郎と志茂太郎による『書窓』への別れの言葉を引用してみたい。まず恩地の「別離の書」から。

「さて『書窓』のこと、ここに終わりを告げる次第ですが、決戦下玉砕の儀、さらさら遺憾なしですが、貴兄［志茂のこと、筆者注］におかれてもまた同感のことと存じます。文化の戦はこの所休止です。機至らばまた旺然と盛り返すべきで、その用意を心の上に失わぬよう、われわれ文化の一兵卒は一分な覚悟を以てここに一時の幕を引く次第です。」

志茂は最後の「雑用手帖」に「当局の指示により、残念ながら本号をもって永々お馴染みの『書窓』の題名にもお別れとなった。御承知の通り先頃来雑誌の大廃合が行われている。いたるところで左様なら左様ならと終刊言が述べられ、読者の愛惜裡に多数の雑誌が終刊しつつある。（中略）戦後平和の暁は再興復刊、更めて相見えんとは、誰しもの挨拶であり真情でもあり、また左様なご時世が再来しなかったら一切はご破算でもある筈だが、おそらくそのような世の中は次代遥かの夢に過ぎず、老先（？）短いお互い自身の話ではあり得ない。」

ここで志茂は気をとりなおし「だが然し、『書窓』の場合は大いに事情が違うのである」と続けて、「読者の皆さんとはお一人残らず直接に同好のお馴染さんであって、今後も私信往復の途ある限り、従前の交誼に何等の支障も来す気遣いはない」と結んでいる。

6 『書窓』から『日本愛書会通信』へ

「今後も私信往復の途ある限り、会員との連絡になんらの困難はない」とは、雑誌がなくなっても手紙という連絡手段がある、と言うのである。

この事を志茂は昭和19年9月発行の『日本愛書会通信』第1号の中でも繰り返した。まだ終戦前のことだった。

日本愛書会のイニシアル、NAKを巻頭に据えた『日本愛書会通信』第1号（これもA5判全4頁）は主として版画家の近況や書票カレンダーの書票を作った版画家の「書票言」からなっているが、志茂太郎は「手帖」欄で次のようにこの『日本愛書会通信』第1号の意義を説明している。

「『書窓』が終刊のやむなきに至ったので、今後このような形式により会員諸兄へ通信連絡をはかりたいと思う。申すまでもなく、此れは純然たる「私信」であって公刊物ではない」

したがってこれは印刷された「私信」なのだから、どこからかお叱りをうけるおそれはない筈だが、もしこれもいけないと言われたら「最後は親書直送の一途あるのみ、郵信利用の途ある限り――と申したいが、それをも封ぜられる日が来たら、尻端折って吾が二本の足の及ぶ限り戸別訪問口づてと出かける覚悟。（中略）以上、今後いかなる困難重畳するとも、愛書会の存続に不安なし、ここに通信第1号を送るに当って更めて諸兄の御熱援を乞う次第です。」

7 『日本愛書会通信』の始まり――終戦から戦後へ

『日本愛書会通信』第1号は昭和19年9月発行で、まだ戦中のことだった。この第1号の前に、前々号、前号ともいうべき二つの「通信」が愛書会の会員へ送られている。それらを含めて、『日本愛書会通信』のはじめの数号を、［ ］内に記した筆者のメモとともに年代順に並べてみる。

［『書窓』の昭和18年1月号に最初の書票カレンダーが同封された。］

『日本愛書会消息』［前々号］昭和18年5月

『愛書会通信』［前号］昭和19年4月

［『書窓』終刊、昭和19年6月］

『日本愛書会通信』第1号、昭和19年9月

［昭和20年8月15日終戦］

『愛書会通信』第2号、昭和20年12月

『愛書会通信』の第1号と第2号の間に1年と3ヶ月がある。

戦後はじめて出た『愛書会通信』第2号（A5判4頁）の記事は恩地孝四郎の「迎冬辞」から始まるが、恩地は音信不通になっていた志茂太郎から手紙をもらい驚喜している。志茂は岡山県久米南町山ノ城の生家に疎開していた。恩地の東京の自宅は焼けずに残った。一方武井武雄は「池袋の小宅も三月末には強疎でその半分を叩きこわされ、四月十三日の戦災では発送直前の荷物ぐるみ残存建物の一切を灰燼に帰し、三十年間孜々営々仕事の跡は一物をも遺さず裸一貫の老骨を家郷陋屋に撫して茫然たるものがありました」と書いている。

前川千帆は志茂の生家へ疎開していた。第2号に彼が書いた「愛書舎菜園」には岡山での志茂太郎の当時の生活が生き生きと語られているので、ここに

思い出せるアラスカ

川上澄生

私はアラスカで鮭罐詰製造人夫をして金を貰った他には、労働に依って生活したことはない。だから、それが三ケ月余りの短い生活であったとしても、又四十数年前の経験であったとしても、割合にいろいろ覚えているのだろうと思っている。その後の私の生活は、栃木県と北海道に於ける通計三十三年余の教員生活であった。その他二三の月給を貰った仕事も教員生活も労働には関係のないものであった。だから短かかったけれども、アラスカでの生活は思い出せるものだろうと思っている。私は昭和十年に版画荘から出した「ゑげれすいろは人物」の中に斯う書いた。「I stand for Instructor ○Instructorは学校の先生○実は私はへっぽこ先生○私の履歴も変てこだ○給仕人だの賄方○鮭罐詰製造人夫○看板の図案描き○羅紗問屋の番頭○それから中略しながら引用する。

「愛書舎菜園　　前川千帆　　先棒は愛書舎主人、後棒は日本愛書舎の軒下に巣食う工房の工人、山中唯一貴重な肥料を汲んで愛書舎菜園へ運ぶ。ささやか乍ら自給自足農を続けて、疎開以来即ち今春、風尚寒く雉子の声を聞く頃、美作の山中に雑草を刈ってより既に八ヶ月を超える。この肥桶たるや主人常套精神を発揮して慎重この上なく、頗る長い綱をつけて、担ぎ上げても桶の底は地上僅かに二三寸を離るる程であって、些かだらしなく付近農家の衆の笑いものである。これは最近の資材難にて棕櫚縄がなく竹繊維の代用品だから長期使用に耐えず、いつ切れるか知れないもの。一朝切れては忽ち黄金佛を免れ得ない危険性に備えて被害を最小限に止めようとするその為に綱を長くしてある。一体吾愛書舎菜園の農法は型を破り習慣を無視して事ごとに付近農家の驚異に値するらしい。かくして吾が菜園は晴耕雨読の理想通り、これが愛書舎疎開現状である」

書票カレンダーについて言うと、カレンダーの数字部分は井上嘉瑞所有のノイランド（Neuland）という活字で印刷された。この数字の雰囲気が木版に似ているというので志茂も喜んでいたが、昭和20年の戦火によりこの貴重な活字は失われた。したがって書票カレンダー昭和18年～19年分はそれぞれ12枚、昭和20年度は4月までがノイランド活字で印刷されているが、昭和20年度5月から昭和21年3月までのカレンダーは発行されず、昭和21年度の4月から別な活字によって再開された。（注6）

8　終戦直後の書票暦

第2号の最終頁(第4頁)は志茂太郎の「誕生寺雑記」になっている。(注7)

そこに志茂は「こちらが出した疎開通知が受取人行方不明で二百数十通もどって来た」と書いているから、戦前の愛書会の会員数は相当な数だったようだ。(注8)

初めの頃の書票暦を並べてみると(例えば『書票暦図録1943―2014』をご参照ください)、昭和20年(1945)の書票は4枚しかない。1月から4月までのカレンダーでこの年は終わっている。昭和21年(1946)の書票は9枚しかない。1月から3月までは書票が出来なかったので、こちらは4月から12月までのカレンダーになっている。

昭和20年の4枚の書票は戦前に彫られ、作者は平塚運一、加藤太郎、清宮彬、初山滋で、彼らの書票作家言が『愛書会通信』第3号に載っている。この第3号には戦後の昭和21年の書票作家の言葉も載っている。すなわち、畦地梅太郎（4月）、根本霞外（5月）、若山八十氏（6月）である。昭和21年7月から12月までの書票作家言は『愛書会通信』第4号に掲載されている。

この後の『愛書会通信』の発行は、1年に2冊、1月と7月に発行され、1冊目には1月から6月までの上期のカレンダー、2冊目には7月から12月の下期カレンダーが同封された。冊子の体裁はごくまれな例外を除けば、常に4頁立てであった。

『愛書会通信』の第5号は昭和22年（1947）8月頃発行されたらしいが、この頃日本は凄まじいインフレで、志茂は「最近の常識はずれの物価高により、まことに不本意ながら21年分会費を臨時12円と定めましたから何卒ご了承の上ご送金願い上げます」という折り込みチラシを同封している。

会費の知らせはたいてい本誌に同封されたチラシの中に書かれている。数字のみを列挙しておくと、愛書会会費は22年が30円、23年70円、24年～25年は１５０円、26年から29年まで２００円となっている。

第８号の『愛書会通信』（１９４９年、昭和24年）に志茂は創刊以来７年目に入った書票暦について「これまで年々の諸費上昇に頑張り続けて来ましたが、昨年に至ってはサスガ遂に悲鳴をあげ、一時中止を訴えたところ、猛然たる反対集中、あわてて気をとりなおし続行と決したわけです」と書いている。

9　前川千帆の『浴泉譜』

同じ8号で志茂は前川千帆の『浴泉譜』と『続浴泉譜』（これらは日本各地の温泉めぐりの版画であるが、2冊とも戦前の発行）が人々の関心を集め、古本屋の間で「昨今万金に近い値とあっては高嶺の花、吾が児が余りに出世し過ぎて親爺が土下座を強いられている図です」と書いている。

『浴泉譜』は限定150部、『続浴泉譜』は100部という少部数だったので、これらは市販されず、愛書会の会員によって購入された。版画そのものを製本して少部数の美術書として出版するというのが志茂の選んだ出版形態だった。美しい本に飢えていた戦後の時代のせいもあってこれらの本は世間から歓迎された。その頃の心境を志茂は次のように述べている。

「更めて『浴泉譜』正続二巻（筆者注：『浴泉譜』と『続浴泉譜』）を落着いて鑑賞して堂々たる大作四十点の威容に今更驚きの眼を見張った次第、更に二十景を加えて六十版の大連作完成の暁は此れは全く版画界空前の盛観で、思うだに胸躍る思いです。（山房雑記、『愛書会通信』9号、1949年）」

『浴泉譜』は『続続続続浴泉譜』まで出て、全5巻、その後、畦地梅太郎の『山の繪本』（1955年）、川上澄生の『アラスカ物語』（1965年）、金守世士夫の『湖山』（1970年）、大本靖の『蝦夷廿一景』（1972年）などが続くが、この辺で話を書票へ戻そう。

10　海外の書票協会との交流

前川千帆は１９５０年（昭和25年）に志茂の疎開先から東京へもどる。志茂自身も１９５１年には東京の田園調布に愛書会の事務所をもうけ、「当分岡山とかけもちで往復」する生活を始める。それからの数年の志茂の仕事は『愛書会通信』で見る限り『浴泉譜』などの版画本の出版中心に動いていたようだ。

ここで書票カレンダーそのものに目を向けてみると、１９５７年（昭和32年）から１９６０年（昭和35年）にかけては海外の版画家や票主の名前が多くなったことに気づく。この４年間に愛書会は海外の書票協会とさかんに郵便による書票や情報の交換をしていたことが見てとれる。この事は『書票暦図録１９４３―２０１４』のこれらの年代の頁を一瞥していただければ一目瞭然のはずである。

愛書会の書票暦に西洋人の票主が現れた最初の二例は単発的なものであっ

たが、１９５７年（昭和32年）のH. Soulard票は、海外書票協会に日本の書票が紹介され始めた事を示す最初の例である。

愛書会の会員の古谷貞治は切手交換を通じて知り合ったフランス空軍将校のHenri Soulardが書票の蒐集家でもある事を知って、愛書会の書票暦の書票を送ったところ、氏は郷里ナンシーでの書票展覧会にそれを出品、大いに喜ばれた。これがきっかけで、愛書会通信の第23号にフランス書票協会の紹介が載り、第26号（１９５８年）には、アムステルダムで開催された「第五回欧州書票会議（今日の訳語を使うと、国際書票連盟会議）」の報告が2頁にわたってなされている。

11　日本書票協会の創立

この号には昭和卅二年（１９５７年）の日付をもつ「日本書票協会の創立について」という一枚の印刷物（チラシ）が同封されていた。要旨は「海外と連絡をとり始めてみると、世界には書票協会があるので、日本にも書票協会が必要になった。日本愛書会はすでに15年間書票暦を会員に配布し、実質的には愛書会はエキスリブリス愛好家の集まりでもある。だから、この際日本愛書会と並べて日本書票協会の看板を掲げ、愛書会の会員の皆さんにそのまま両方の会員になっていただきたい。こうすれば、大騒ぎせずに、日本にも立派なエキスリブリスの同好団体が出来上がりますのでどうぞご賛同願います」という事で、この提案はそのまま認められた。

志茂はこの同じ号の片隅に「書票カレンダーに今後は各国の作品を紹介するつもり」と書き、いずれは世界書票展を開催したい、と言っている。志茂の時代に世界書票展は実現しなかったが、書票暦には1957年から1960年まで、多数の海外の書票や票主が登場し、国際色豊かな4年間となった。『愛書会通信』28号（1959年、昭和34年）の「雑記」欄に志茂自身が海外書票協会との交流の様子を述べている。「目下連絡のとれている範囲だけでも、十四、五ヶ国語をマスターしてからかからない事には、刊行物はこなせない有様」。会員から日本でも書票誌を持ちましょうよ、と言われて、志茂は「書票暦でさえ十七年目の今日まで赤字だらけという実情」をお考え下さい、と言っている。

書票暦への海外版画家の参加は1962年からは下火になって1965年以降は皆無になる。しかし『愛書会通信』誌上に「世界の書票」の紹介記事は1976年の63号まで続いて、その数は14ヶ国になる。志茂自身は限定版の版画集の出版に忙しく、書票についての言及はみられない。

12　書票への世間の関心が高まる

一方、我国は戦後の困窮から少しずつゆとりのある生活へ向かい始め、日常の生活の中に美を見出す（月刊）『銀花』のような雑誌が創刊され（１９６７年、昭和42年）、数年後に創刊された季刊『銀花』第1号（１９７０年、昭和45年）が、「蔵書票のはなし　志茂太郎」という特集を組んだ。（注９）

この記事の前書きに編集者が認めた文章は書票の魅力を雄弁に語っているので、引用させていただく。

「あるところで蔵書票を初めて見せられた。ショックだった。小さい和紙にかわいい絵が木版で刷ってあり、それが一冊の本になっていた。〈もともとは本に貼るのだが、いつの間にかこうして集めて、造本して持っているようになったのです〉とその明治生まれの愛書家は言った。蔵書票一枚、一枚は全く盗みたくなるほど、魅力に富んでいた」

季刊『銀花』の記事が出てから5年後に月刊『太陽』から志茂に電話があって書票特集をやりたいから協力してくれないか、と言われた。『太陽』の9月号（1975年、昭和50年）が店頭に並ぶと「文字通り千客万来の状況となり、地元はともかく青森から九州まで、はるばるの御来訪には恐れ入った」（『愛書会通信』62号（1976年）。

『太陽』の記事の反響は大きく、愛書会への入会申込みは引きも切らず、またたく間に千人を越えた。表紙に木版画を用いた書票アルバム（注：書票暦を貼込む目的でつくられた）に対する会員からの注文が次々と増えてその対応に志茂は苦労する。書票の仕事が手に余るようになったのだろう。

13　愛書会から日本書票協会へ

あまりに大きくなりすぎた愛書会に77歳の志茂は十分に対応しがたく、第65号の『愛書会通信』を最後に、愛書会は１９７７年（昭和52年）に東京・新宿の文化出版局へ移管された。

『愛書会通信』は文化出版局が発行するようになってから、『日本書票協会通信』と誌名を変えたが、号数は『愛書会通信』のものを引継いだので、『日本書票協会通信』のスタートは１９７８年上期の66号となった。

編集を担当した山口博男が66号の「手帳」欄に記しているところによると、志茂から渡された９００名の会員全員に問い合わせをした結果、新体制での会員総数は７９７名、そのうち海外会員が１１８名となった。会費は千円だった。愛書会は実質的には日本書票協会になり書票以外の活動はしなくなった。

14　志茂太郎の死

志茂は1980年（昭和55年）9月2日に80歳で亡くなった。昭和55年12月15日付で『追悼志茂太郎　日本書票協会通信臨時増刊号』が刊行された。たった4頁の冊子ではあるが、武井武雄、関野準一郎、内藤政勝、坂本一敏が志茂について貴重な逸話を残している。この号の最後に、志茂太郎略年譜が載っているが、筆者はこれ以外に信頼出来る志茂の年譜を見たことがない。

追悼文の中から、武井武雄の「大声将軍今やなし」の一部を引用する。

「恩地孝四郎君の紹介状をもって和服をぞろりと着流した伊勢元の旦那が現れた。その紹介状によると〈よい本を作る事にはひどく熱心だが、それで金を儲ける事にはさっぱり不熱心な男〉とあった。この男というのが志茂太郎で彼は恩地君と組んでその時すでにアオイ書房の名で『書窓』を創刊していた。（中略）志茂さんは来訪するや夏はお寒い事で、冬はお暑うございますと玄関でわれ鐘のような声を出すので、うちの子供はみんな大声将軍と呼んでいた」

恩地孝四郎が生きていたら、彼もこの追悼号に参加したであろう。恩地孝四郎がいなかったら『書窓』も書票暦も生まれなかった。一方、恩地だけでは『書窓』も書票暦も実現しなかったにちがいない。

書票暦が軌道に乗って、さかんに海外との交流が開始された1958年(昭和33年)になると、志茂にも書票暦の役割を客観的に見るゆとりが出て来た。彼は書票暦によって、書票の形で本物の版画を世の中に広め、エキスリブリスの普及と版画そのものの普及をはかったと言う。1943年から1958年までの16年間に通計181枚の版画書票が作られ、それらを提供してくれた版画家の数は五十数名に達した。さらに志茂は、愛書会の書票暦の書票は、小塚省治の書票の会の作品集と比べるとはるかに高い水準に達しているので肩身が広い、と書いている。小塚の書票が分業による伝統木版画が主流であったのに対して、志茂の書票暦の版画は恩地孝四郎のお陰ですべて創作版画であった。

志茂は言う「小品たりとは申せ毎月自動的に新作版画を謂うに足りない負担を以て銘々の机辺で親しめる書票暦の存在意義は、版画時代の今日尚且つ一層強調されてもよいものと信じている」（注10）

【注】

注1　日本書票協会編『現代日本の書票　附・西洋の書票』（文化出版局、昭和53年発行）、10頁。

注2　参考文献。内田市五郎「「書票」という語の初出について」『日本古書通信』（２０１６年4月号）4～5頁。

注3　「アオイ書房」とは岡山の志茂の自宅邸内に自生するトロロアオイという野草から名付けられた。この一年草の根はいまも和紙の製造に欠かせない材料である。志茂はこの花が好きで、前川千帆、武井武雄、川上澄生といった親しい版画家によく描かせていた。

注4　片塩二朗『活字に憑かれた男たち』、26頁参照。『書窓』全巻のリストは『愛書会通信』第10号（昭和25年）の第2頁に、またこのリストの由来は同冊子の4頁にある。

注5　『日本版画協会史１９３１―２０１２』、39頁。

注6　田中栞「嘉瑞工房と書票暦」（1）（2）、『日本書票協会通信』１２５号および１２６号共に第4頁。

注7　誕生寺は愛書会の疎開地、志茂の生家の近くにある法然上人の誕生地に建てられたお寺で、このあたりでは地名にもなっている。

注8　昭和10年頃『書窓』の購読を申し込んだら３２２人目だったと内藤政勝が記録して

いる。『日本書票協会通信臨時増刊号：追悼志茂太郎』（昭和55年12月15日発行）３頁。

注９　季刊『銀花』第１号春（昭和45年）、32～43頁。

注10　『愛書会通信』27号、附記欄（１９５８年）（昭和33年）。分業による伝統木版の流れと、一人の作家が下絵から版画まで制作する創作版画の流れは昭和18年頃では共存していた。昭和18年に出版された伊藤喜久男編の『蔵書票作品集』ではすべての書票が分業による作品であり、たとえば、川上澄生案と書いてある書票は川上澄生が原画を描き、それを職人の彫り師が版木に彫り、さらに別な刷り師が紙に刷った。小塚省治の場合もそうであった。内田市五郎「小塚省治の『第一蔵書票集・首巻』を精査する」、『日本書票協会通信』１６５号（２０１６年7月）、6～7頁。

3章　志茂太郎に協力した版画家たち

川本　茂

畦地梅太郎　板　祐生　恩地孝四郎
川上　澄生　斎藤　清　清宮　質文
関野準一郎　武井武雄　初山　滋
平塚　運一　山口　源

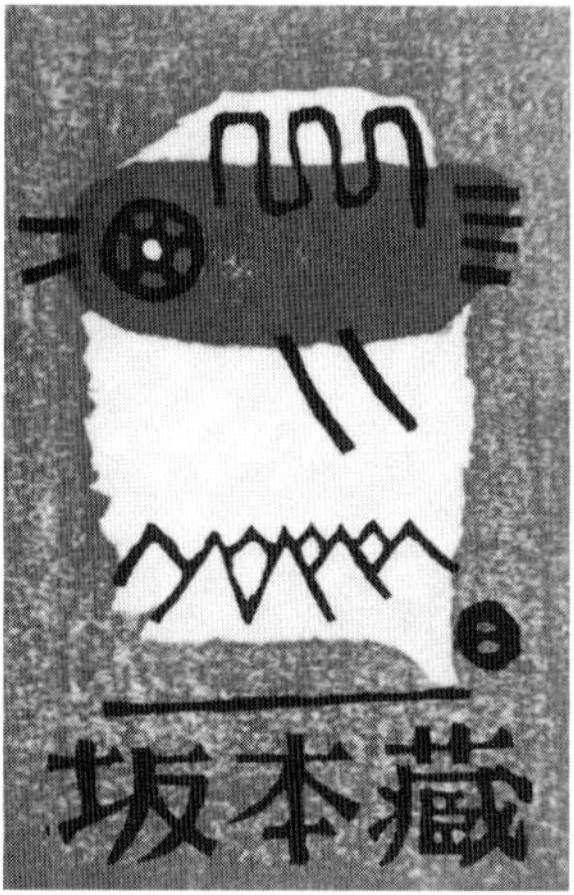

畦地梅太郎

板　祐生

恩地孝四郎

川上澄生

斎藤　清

清宮質文

関野準一郎

武井武雄

初山　滋

平塚運一

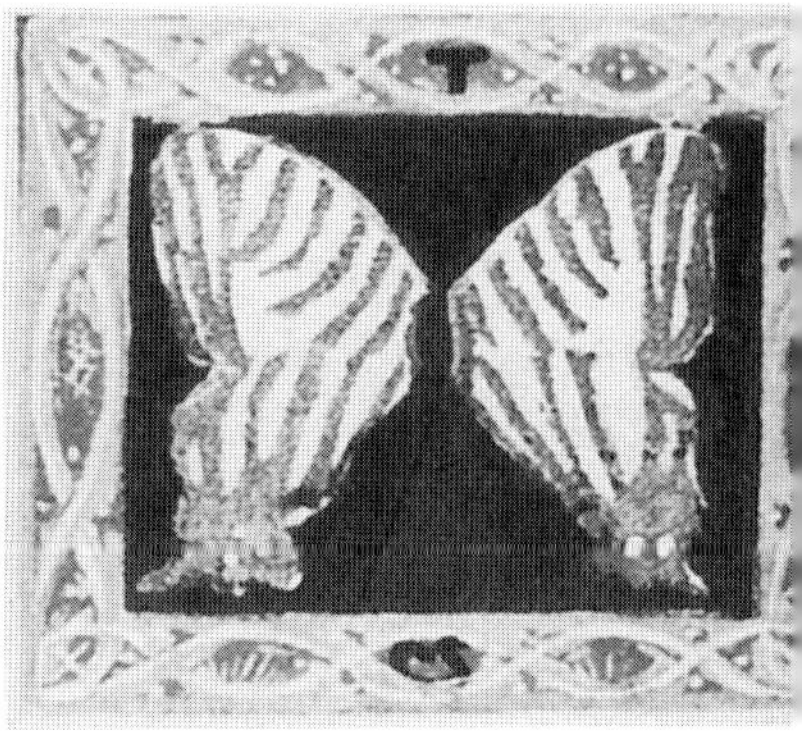

山口　源

※ここに掲載した作品は『続・現代日本の書票』（日本書票協会・刊　1994年発行）より転載。

志茂太郎は生前、多くの版画家たちと親交があり、その作家たちがいたからこそ「蔵書票」が誕生して「日本書票協会」の創設になったと言っても過言ではないだろう。そのことは、本誌に内田市五郎氏が書いた文章でも分かるが、ここでは紙数の関係で諸外国作家を除いた。日本の版画家たちの数人を取り上げて紹介したい。

畦地梅太郎（あぜちうめたろう・１９０２—１９９９）
愛媛県生まれ。１９２０年上京し、船員、石版印刷工などを経て内閣印刷局に入局。１９２７年、日本創作版画協会第７回展に入選し、内閣印刷局を辞職し版画家への道を歩む。平塚運一、恩地孝四郎、前川千帆に師事。山岳風景を題材とした木版画作品を数多く制作、「山の版画家」として著名。画文集の出版や装丁、挿絵の分野で活躍。

板祐生（いたゆうせい・１８８９—１９５６）
鳥取県生まれ。ガリ版刷りの雑誌を作成し各地の作家と親交を結びながら生涯を山村の文教場の教師として過ごした。孔版画の先駆者。１９３７年、武井武雄主催の版画による年賀状交換会「榛の会」会員として孔版画を出品し高く評価される。１９４６年、絵歴の制作を始める。１９４９年、孔版画書票交換会「杏青帖」主宰。会に配布。

恩地孝四郎（おんちこうしろう・１８９１―１９５５）

東京生まれ。竹久夢二に感化を受ける。東京美術学校（中退）で洋画・彫刻を学ぶ。田中恭吉・藤森静雄とともに詩と版画の同人誌「月映」を創刊。大正８年に山本鼎らと日本創作版画協会を、昭和６年には日本版画協会を創立。萩原朔太郎の詩集『月に吠える』の装幀と挿画、『北原白秋全集』の装幀を手がける。日本における抽象版画の先駆者にして装本家。

川上澄生（かわかみすみお・１８９５―１９７２）

神奈川県生まれ。青山学院大卒。１９２１年栃木県宇都宮中学の英語教師となる。この頃より本格的に木版画制作をはじめる。１９２６年、国画会に出品した木版画作品『初夏の風』が代表作。棟方志功はこれを見て版画家への転向を決意した。明治の文明開化、長崎南蛮風俗に惹かれ懐古的な詩情と独自の素朴な作品を生み出した。

斎藤清（さいとうきよし・１９０７―１９９７）

福島県生まれ。１９５１年 第1回サンパウロ・ビエンナーレで受賞。１９５６年アメリカ、メキシコ各地で版画の指導を行う。１９５７年リュブアナ国際版画ビエンナーレにて受賞。１９６９年、アメリカとカナダの美術館で個展を開催。１９９５年文化功労者。独学で独自の版画技法を確立。浮世絵版画の技法や西洋美術の近代的造形を取り入れ、日本的感情を表現した。

清宮質文（せいみやなおぶみ・１９１７―１９９１）

東京生まれ。父は版画家・清宮彬。東京美術学校油絵科卒業。美術教師や商業デザイン会社勤務の後、木版画の道へ。「外の限界を拡げることは不可能ですが、内面の世界を拡げることは無限に可能です」「私は自分を詩人だと思っている、表現形式に『絵』という方法をとっている詩人である」。清宮を語る時もっとも引用される言葉。

関野準一郎（せきのじゅんいちろう・１９１４―１９８８）
青森県生まれ。１９３０年、青森中学在籍中の頃より木版画を始める。その後、今純三に師事し銅版画と石版画技術の習得に励む。１９３９年に上京、志茂太郎の紹介で恩地孝四郎を紹介され、以後、生涯の師として仰ぐ。１９４８年以降、国際版画展にも積極的に参加し受賞を重ねた。１９５８年からアメリカでの木版画の普及に努めた。

武井武雄（たけいたけお・１８９４―１９８３）
長野県生まれ。東京美術学校西洋画科卒業。童画家、版画家、童話作家、造本作家。１９２７年、岡本帰一、清水良雄、深沢省三、川上四郎、初山滋、村山知義とともに日本童画家協会を結成。１９４４年、恩地孝四郎の推薦で日本版画協会会員となる。童話の添え物として軽視されていた子供向けの絵を「童画」と命名し、芸術の域まで高めた。

初山滋（はつやましげる・１８９７—１９７３）

東京生まれ。童画画家。１９２７年、武井武雄らとともに日本童画家協会を結成。１９６７年、絵本「もず」を出版し、国際アンデルセン賞国内賞受賞。代表作は「もず」とともに１９３７年の『たべるトンちゃん』がある。版画作品は二十数年にわたり小学校の国語教科書の表紙に使われた。生涯に渡ってひとつの画風にとどまることのない人であった。

平塚運一（ひらつかうんいち・１８９５—１９９７）

島根県生まれ。高校を中途退学し松江市役所に勤務。石井柏亭の洋画講習会がきっかけとなり上京。１９１６年、二科展に版画作品が入選し日本美術院展に油彩作品と水彩画作品が入選。棟方志功らを指導し１９２８年、棟方や畦地梅太郎とともに雑誌『版』を創刊。１９６２年渡米、アメリカ各地で個展を開くと共に版画の普及に努めた。

山口源（やまぐちげん・１８９６―１９７６）

静岡県生まれ。恩地孝四郎とともに抽象木版画の先駆者。１９５７年リュブアナ国際版画ビエンナーレで優秀賞受賞し翌年にはルガーノ国際版画展ビエンナーレで「能役者」がグランプリを受賞。国際版画展でグランプリを受賞した初の日本人。装丁家としても活動し、林芙美子の『うず潮』、井上靖の『風林火山』『敦煌』『楊貴妃伝』、松本清張の『柳生一族』などを手掛けた。

取材日記　志茂太郎が使用していたという印刷機？を探して

本書の企画出版が決まり久米南町図書館に行って、志茂太郎邸に印刷機らしき物が遺っていたという話から、およそ1年以上が経っている。その時に現在、志茂太郎邸に住んでいる森田宗克氏にもお会いした。図書館と森田氏からそのような話をうかがったという、記憶が希薄になっている状況での取材日記である。そういうことでは、たくさんの方にご迷惑をおかけした…。

某月某日　久米南町図書館に初めてうかがってから、1年以上たっても気になっていた印刷機らしき物。いざ取材をと思い立ってはみたものの、そこはどこ？　その某所を失念していた。某ギャラリーにて某所を確認する。某美術館と聞いたと思うので取材予定を立てて…。

某月某日　某美術館に電話をする。担当者不在で用件を伝

和気町歴史民俗資料館

え、連絡を待つ。

某月某日

数日後、某美術館の担当者から連絡がある。調べたけれども、問合せのそのような物はないという。当方の勘違いか、情報の間違いか。あらためて某図書館に連絡をする。あいにくと担当者不在。現在、志茂太郎邸に住む、森田宗克氏に聞いたら分かるというので、電話をする。某美術館ではなく、和気町歴史民俗資料館とのこと。某美術館にお詫びの連絡をしたのちに、和気町歴史民俗資料館に連絡をする。

某月某日

和気町歴史民俗資料館を訪問する。館長を兼務する和気町教育委員会の森元純一さんに面談する。事務所奥のテーブルに段ボールが運ばれる。まずは森田氏から寄託品されている品々を拝見。興味津々。常設でないことが残念。そ

志茂太郎が使用していた刷毛(右)と版画用の摺り込み刷毛(左)

れもそのはずで、ここは和気町歴史民俗資料館、志茂太郎も蔵書票もまったくゆかりがない。

ではなぜ、ここに志茂太郎の遺品があるのか。前館長がイベントで「印刷今昔——木版からはじまる印刷の歴史」を開催（2003年6月）する際に、志茂太郎の邸宅を、妻から買い受けた森田氏から、遺品の一部を寄託されたとのことである。写真は志茂太郎が使っていたであろう遺品である。

ただ、肝心かなめの志茂太郎が愛用した印刷機？　はというと、解体されたまま倉庫に眠っていた。

某月某日　印刷機？　と短絡的に思い込んでいたその写真を、原稿作成時に確認したら、不安になる。

某月某日　原稿も締め切り近づく。かたっぱしから連絡する。久米南町図書館、某ギャラリー、前・和気町歴史民蔵資料館館長、森田氏（連絡不能）これという確証はとれない。和気町歴史民俗資料館にある目録を見てもらえれば、そこに記録があるだろうと思い連絡する。館長不在。週明けか。原稿が進まない。

某月某日　翌日、日曜日早朝、館長から連絡。これが結論。目録には「製本機」。

＊資料館では遺品に関するものは、いずれも展示はされていない。

4章　志茂太郎と久米南町図書館

1　志茂太郎と久米南町図書館
2　久米南町図書館の書票の顕彰活動
3　書票を広める取り組み

久米南町図書館

1　志茂太郎と久米南町図書館

久米南町は、岡山県のほぼ中央に位置する、自然豊かな人口5千人弱の小さな山あいの町である。町のキャッチコピーに「川柳とエンゼルの町」を掲げ、文化活動にも力を入れている。2016年には、世界最大の川柳教室でギネス記録に挑戦し認定されている。

久米南町図書館と志茂太郎の書票との出会いは、2010年2月の1件のレファレンスからだった。当時、岡山県津山市のM&Y記念館で開催されている高原信一氏所蔵の書票展「蔵書票の世界展」で関心を持った方が、日本書票協会を創設した志茂太郎氏のふるさとである久米南町の図書館に、志茂氏に関する詳しい資料を求めて来館された。

その時、偶然にも一人の職員が生前の志茂氏に出会ったことがあり、数枚の書票を所有していたが詳しい資料がなく、図書館としては初めての人物調査となった。調べていくうちに本と深く関わる書票の世界を知り、職員一同、久米南町図書館の魅力の一つになるのではないかと館を挙げての取り組みがここから始まった。

まず、前述の高原信一コレクションの書票展に数名が出向いて鑑賞し、初めて書票の芸術的価値に気付かされ、早速志茂氏に関する本を購入した。「ふたりの出版人」（荒木瑞子著　西田書店出版）により、志茂太郎の邸宅は、久米南町山之城《やまんじょう》に現存し、森田宗克氏が太郎氏の妻から田畑込みで購入し所有されていることが分かった。また、本の中には「旧志茂邸に残された使い残しの和紙」の写真があったので、まだ邸宅に残されているかもしれないと微かな希望を抱いて森田氏に伺うと、処分せずに保存していることが分かった。

さっそく拝見させてもらったところ、数個の段ボール箱に約４００点の書票や海外からの封書の手紙、また出版社時代の様々な大きさの和紙が残されていた。それらは森田氏のご厚意により、使用貸借するということになった。

かつて志茂太郎が住んでいた家。
現在は森田宗克氏が太郎氏の妻から購入して住んでいる。(平成30年8月現在)

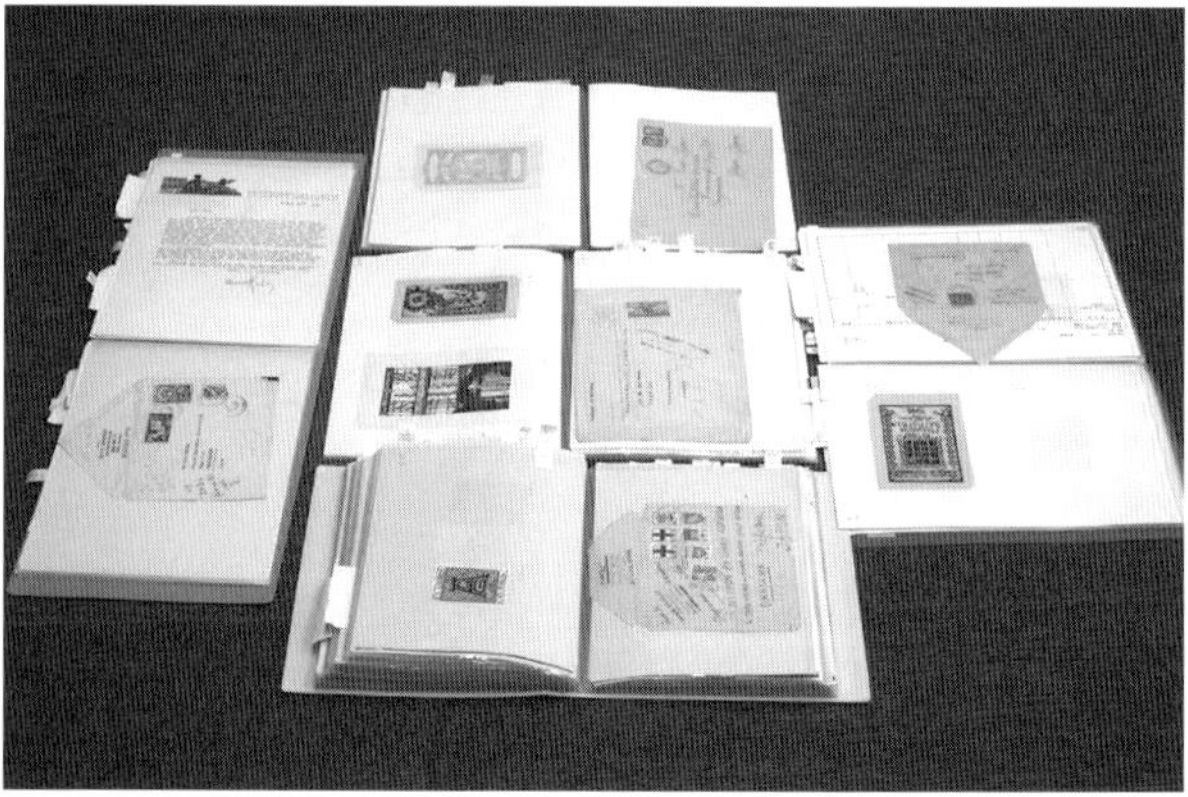

海外から送られてきた封書の手紙や書票もファイルに整理保管されている。

海外から志茂太郎に
送られて来た蔵書票（EXLIBRIS）

紙の宝石「書票」楽しんで

久米南町図書館

本に張り付けて蔵書の所有者を示す「書票」の魅力を国内に広めた久米南町出身の出版人・志茂太郎氏（1900〜80年）にちなんだ「書票展」が同町下弓削の町図書館で31日まで開かれており、「紙の宝石」と呼ばれる趣向を凝らした図柄の数々が利用者の目を引いている。（小林貴之）

所有者名入った個性的な図柄 30点展示

故志茂氏（町出身）魅力広める

書票は明治時代に国内に広がったとされ、本の所有者の名前やイニシャルが図柄と一緒に木版画などで描かれた紙片。サイズは名刺大からはがき程度で蔵書の表紙や見返しに張る。図柄が豊富なため収集家もいるほどで、志茂氏は43年に愛好者団体「日本書票協会」を創設した。

同図書館元職員らのコレクション約30点を展示。味わい深いタッチのランプ、朱色のグラデーションで背景を描いたかぶとなど個性的な作品が並ぶ。志茂氏や書票の世界を特集した雑誌「太陽」（75年9月号）など関係書籍も紹介している。

「図柄の美しさだけでなく、自分だけの書票で本をいつまでも大切にする気持ちを知ってもらいたい」と同図書館。30日午後2時から、消しゴムを使った書票の作り方教室（参加費210円）も開く。申し込みは28日までに同図書館（0867㉘4322）。

▲多彩な書票が並ぶ会場

「書票展」〈山陽新聞（H22・5・14）〉

出版人・志茂太郎 普及

「紙の宝石」"書票"展示

来場者の目楽します

個性あふれる作品140点

久米南町図書館

30日に体験教室予定

久米南町山ノ城出身の出版人・志茂太郎氏（1980年没）が普及に努めた「書票」展示会が下弓削の久米南町図書館で開催。版画で描かれ、愛好家から"紙の宝石"とも称される個性あふれる作品群が訪れる人の目を楽しませている。31日まで。

書票とは、自らの所有を示すため本の表紙や見返しに張った紙片のこと。中世ヨーロッパで始まり、多くは好みの絵と組み合わせ、持ち主の名前が入れられる。

明治時代に日本へ紹介され、志茂氏が43年に日本書票協会を設立した。

今回は、愛好家の集めた作品コピーをはじめ、海外のものや同図書館職員による作品など140点余りを展示。「此の本は私の大切な本です」、中には可愛らしく「こはるのほん」と書かれたものも。

同図書館の国忠敬子さん(49)＝下弓削＝は、「これを機に子どもたちが本を好きになり、大事にする気持ちが育ってほしい」と話す。

将来的にはコンテストを開き、優秀作品は館の蔵書へ張ることも考えている。「久米南町ゆかりの書票。川柳のように町民の認知度を高められれば」という。

30日午後2時からは、消しゴムで作る体験教室（材料代210円）も予定しており、参加者を募集している。問い合わせは、久米南町図書館（☎0867㉘4322）。

世界に1枚だけの書票が並ぶ

「書票展」〈津山朝日新聞（夕刊・H22・5・18）〉

持ち帰った書票等は、ファイルに整理保管し、一部を展示ケースに飾っている。

その後２０１０年5月30日、図書館のイベントとして第１回書票教室を開催する。教室では、消しゴムはんこに彫刻刀で自分の好きなデザインと名前、EX・LIBRIS もしくは蔵書の文字を入れ、世界にひとつだけの自分の書票を制作してもらった。

同時に図書館内にて、スタッフが持っていた書票と日本書票協会配布の書票暦を展示した。(この時期、当時の教育長大家浩三氏が日本書票協会に入会)これらのイベントが山陽新聞、津山朝日新聞に掲載され、久米南町図書館の書票活動が紹介された。

2　久米南町図書館の書票の顕彰活動

・２０１０年５月30日
第１回書票教室開催　「消しゴムはんこで書票をつくろう！」
・２０１１年８月20日～９月10日
久米南町図書館内で「山ノ城から世界へ発信していた書票　―志茂太郎コレクション―」を開催（森田宗克氏　提供）
・２０１１年８月28日
第２回書票教室開催　「消しゴムはんこで私だけの書票をつくろう！」
・２０１１年11月３日～14日
久米南町文化センター・図書館開館10周年記念式典にて特製書票シールを記念品にし、参加者に配布。図書館内では志茂太郎コレクション書票展を開催。

2011年8月
第2回
書票教室

2011年8月
志茂太郎
コレクション

・２０１１年11月１日～２日
日本書票協会会長内田夫妻来館の後、旧志茂邸を訪問。当時の教育課長森崎氏と面会し、今後の書票顕彰活動についての協力を約束して頂く。また、内田会長の書票を寄贈して頂いた。
・２０１２年２月
旧志茂邸（森田邸）で書票の版木が数十枚見つかり、図書館内のガラスケースに展示する。
・２０１２年８月１日～27日
久米南町図書館内にて、高原信一氏（津山市在住）コレクション書票展を開催。
・２０１２年８月５日
第３回書票教室開催「消しゴムはんこで書票をつくろう！」
・２０１４年３月９日

書票のコレクション 多彩な図柄楽しんで

久米南町図書館で展示

高原さん所有

蔵書印代わりに本の見返しに張って所有者を示す「書票」の魅力を国内に広めた出版人・志茂太郎氏（1900～80年）の出身地・久米南町の町図書館（同町下弓削）で書票のコレクション展が27日まで開かれ、細やかな描写が施された作品を来館者が楽しんでいる。

世界各国の書票を収集している高原信一さん(81)＝津山市北園町＝のコレクションで60点を展示。名刺大の紙片にパリの街並みやバルセロナの小鳥小屋を描いたエッチング、孔版で刷られた帆船など味わい深く多彩な図柄がパネルに展示されている。

訪れた美咲町立加美小5年難波竜也君(10)は「帆船の絵の模様が細かくてかっこよかった。本に張ってあったら楽しい」と話していた。

志茂氏は久米南町山ノ城出身。1943年に日本書票協会を創設した。（小林貴之）

細やかな描写の図柄が入った書票の数々

「高原信一氏コレクション書票展」〈山陽新聞（H24・8・19）〉

自分だけの書票できた

久米南町図書館 教室で23人挑戦

久米南町図書館（同町下弓削）で28日、蔵書に張って所有者を示す「書票」作りを体験する教室が開かれた。町内外の23人が消しゴムを材料にさまざまなデザインで自分だけの書票を完成させた。

同図書館で開かれている同町出身の日本書票協会創設者・志茂太郎氏（1900～80年）の書票コレクション展（9月10日まで）に合わせて企画。参加者は、図書館職員の指導ではがきの半分の大きさの消しゴム板に思い思いの図柄を描き、彫刻刀で削って型を作った。

書票作りに取り組む参加者

餅をつくウサギやチョウ、絵手紙風のメッセージ入りの図柄などさまざまな型が出来上がり、半紙に試し刷り。自分のイニシャルと書票を意味するラテン語「EXLIBRIS」のスタンプを押して完成させた。

図鑑を参考にセミを図柄にした誕生寺小4年平澤尚実君(10)は「細かい模様が難しかったけれど、夏らしい書票ができた。自分の本に張りたい」と話していた。

参加者の作品は館内に展示される。

（小林貴之）

「書票展」〈山陽新聞（H23・8・30）〉

第4回書票教室開催「書票をペーパークラフトでつくろう！」
・2014年11月19日
岡山県立図書館主催の図書館職員等研修講座に講師として職員を派遣。テーマは「図書館から、つながって、ひろがる　連携展示・企画」。津山市立図書館にて、消しゴムはんこで書票作りの演習をする。
・2015年2月21日
第5回書票教室開催「消しゴムはんこで書票をつくろう！」
・2015年4月29日～5月10日
勝央美術文学館（勝田郡勝央町）「書票展―exlibris―exhibition―」へコレクションの一部を貸出展示。
・2015年11月28日
第6回書票教室開催「年賀状にも使える消しゴムはんこで書票をつくろう！」

2015年2月
第5回
書票教室

2015年4月
勝央美術館
書票展

・２０１７年２月21日
第７回書票教室開催「消しゴムはんこで書票をつくろう！」
・２０１７年11月19日
第８回書票教室開催「年賀状・ポチ袋などにも使える消しゴムはんこで書票をつくろう！」

2017年2月
第8回
書票教室

3　書票を広める取り組み

本が貴重だった時代、人は大切な本にただ名前を書くのではなく、手を加え芸術性を高めた書票を本の見開きに貼り、大切に扱った。久米南町図書館では、書票を通じて本を大切にする心を育てようと、毎年書票教室を開催してきた。

第1回書票教室開催時は、書票の知名度が低く、募集に際しては書票を展示し、本に貼ったものを用意した。さらに、書票の歴史や、日本書票協会を設立した志茂太郎氏の説明など、大変準備に時間が掛かった記憶がある。しかし、回を重ねるうちに、地元に限らず知名度は高くなったと思う。

また、教室参加者からは、「書票を自分の大切な本に貼ることで、ますます本に愛着がわくようになった」「図書館の本に自分の作品が貼ってあると思うと、図書館の本を大切にしたい気持ちがわいてくる」などの感想が寄せられた。

他の活動としては、子どもたちへ本を大切に扱う気持ちを持ってもらいたいという思いから、毎年6年生の卒業時、子ども達に名前入りの書票を記念に贈っている。

また、図書館イベントの中で年間貸出多数の利用者に、本人の書票を作成し、久米南町図書館の蔵書に貼っていく取り組みをしている。現在、約500冊の本に書票が貼ってある。本に書票が貼ってある図書館として全国的に広めていきたい。

※「書票」は「蔵書票」とも呼ばれているが、日本書票協会を創設した志茂太郎氏にならい、「書票」という表現を使用した。
また本稿を執筆にあたっては森田宗克氏にご協力をいただいた。

5章　資料編

1　再録／蔵書票のはなし　志茂太郎

2　志茂太郎の略歴

3　日本書票協会の略年譜

1　再録〈季刊「銀花」1970第一号　春（昭和四十五年四月十五日発行）より〉

蔵書票のはなし

志茂太郎

本に貼りつけて所蔵者を明らかに

我々がエクスリブリスの会を創立した時のことである。国内の新聞はどれ一つ、学芸欄の片隅の一行たりとも費やしたものはなかったが、同じ新聞の英文版には、相当の行数を使って行き届いた紹介をした。新聞で見たと言って海外のあちこちから入会者が現われ始めて、後からそのことを知ったありさまだった。

新聞というものが、読者が何を知りたがっているか、何が記事になるかに、いかに鋭敏極まる神経を持った生き物であるかを、いやというほど思い知らされたことであった。およそ当今かりそめにも文化国を以て自ら任ずるほどの国であって、ことエクスリブリスに関するかぎり、日本ほどの低開発国は断じてほかには見当たらない。エクスリブリス普及運動に頭を突っ込んで三十年、孤軍奮闘を続けている身の、これは血のにじむばかりの実感である。

エクスリブリス（EX-LIBRIS）という言葉は「この書物は誰それ所蔵書の中の一冊である」という意味に使われるラテン語で、タバコやラジオ並みの世界語になっている。この言葉と本の持ち主の名前と図案などを組み合わせて印刷し、本に貼りつけて所有者を表示するために使う小紙片が、いわゆるエクスリブリス（わが国では蔵書票または書票という）であるが、本の所有者の名前さえ入れてあれば、エクスリブリスという言葉は、必ず刷り込まねばならないというものではない。例えば英米のエクスリブリスでは、From the books of（誰それ）、This book belongs to（何某）のように刷ったものもあって、その辺の表記は自由である。図書館などで蔵書に貼りつける、分類科目や番号を刷った整理票もエクスリブリスである。

蔵書印の使われる日本

さてわが国である。今の若い世代には見たこともない方が多いと思われるが、以前は読書家を以て任ずるほどの人士は、蔵書印なるものを使ったもののである。警句や標語入りのこったものもあるが、普通は「何某蔵書」、それも姓だけのものに至っては、あっけないほど簡潔明白を極めた。これを、どこの家にでもある朱色の印肉で、主として本の扉にペタンとたっやものである。考えてみると、書物の所有者表示、盗難紛失防止というエクスリブリス本来の目的からすると、貼用票よりも、蔵書票のほうがむしろ効果的と言えなくもない。

わが国でエクスリブリスの生育がきわめて悪い、極度な不毛の有力な原因の一つに、この蔵書印の存在が挙げられるように思われるのである。蔵書印は、書物と同じように大陸から伝来したものであるが、天平時代のものが正倉院に残っていると言われるほど古くからわが国土に根を下し、今日もなお立派に生き続けている。先ごろ催された武井武雄画伯の蔵書印頒布会の盛況などを見ても、その健在がうかがえるのである。わが国はもともとハンコの国であり、印材印枝には事を欠かない。誰でも手近になじみの印判屋を控えているという風土的事情が、蔵書印の異常ともいえるほどの普及を助けたと考えられる。特に高度の趣味好尚を求めないかぎり、どこのハンコ屋でも即座に蔵書印は作りうる。一つ作れば一生でも使えるとあっては思いつきが早い。それに比べるとエクスリブリスは数等厄介である。最も手っとり早い活版票でさえ、街のハンコ屋さんの蔵書印の手軽さには遥かに及ばない。蔵書印にもピンからキリまである。仕切り判もどきのぶっきらぼうなつげ印は別として、刻印者、印材、書体、図案、標語等、どれ一つをとってみても趣味を凝らすに事を欠かない材料がそろっている。現に立派な芸術品と言えるほどの蔵書印がたくさん残っているし、専門の蔵書印の研究書も出ているほどである。こんなおもしろいものがヨーロッパに現われなかったのは、刻印趣味という下地が彼の地になかったためであろう。

エクスリブリスは明治時代に

さてわが国では、エクスリブリスを、以前は専ら蔵書票と称した。蔵書印の印を票の字に変えただけの流用である。その後ひところ蔵票という言葉も使われたが、後年、蔵の字は字感も語感も、すっきりしないというので、書票というスマートな新語が現われて、エクスリブリス愛好家を中心に普及するに至り、広辞苑の新版にも採収されたので、この記事では以下“書票”を専用する。

わが国の書票に、エクスリブリスという言葉を使いはじめたのは、明治時代からであるが、えらくハイカラでもてはやされたこの外来語も、近年めっきり色あせ、代わって思い思いの表現が用いられている。おそらく日本ほどこの表現のバラエティに富んだ国はないのではないかと思われるほどである。いわく、何某蔵、蔵書、蔵本、愛書、愛蔵、珍蔵、鑑蔵、秘巻、秘冊、誰それ文庫、何々山房、何とか洞等々、漢字というものの重宝さ、組合せしだいで千変万化の妙を極める。EX-LIBRISと来ると票主の名前もローマ字書きになってしまい、下地の絵や図案もローマ字にマッチするものでないとちぐはぐになる。鋭い細線の木口木版やエッチングによる書票にはローマ字がぴったりだが、わが国の書票の主流である多色の板目木版には、漢字のほうがしっくりする場合が多い。先にエクスリブリスが世界語と言ったが、英米だけは、依怙地に自国語のBook plateを固執する。もっとも書票そのものの中ではエクスリブリスでないと意味をなさないが、そのほかの場合には、必ずといってもよいほどブック・プレートを持ち出してくる。

ところ、書票の歴史はということになると、一四八〇年ごろにドイツに初出現ということが、一応定説のように言われている。同じ国でその少し前に鉛活字による印刷が最初に行なわれ、書物の多量生産のいとぐちが開けたということとからめて考えるとおもしろいが、もう少し後になると、年代を入れた書票が現われて、時期がはっきりする。日本では一四七〇年代、すなわち、前期のドイツ票に先んずること十年に書票第一号が出たという説をなす人がある。紙や印刷（鉛のバラ活字と木版ブロックとの違いはあるが）書物に於てヨーロッパとは格段の先輩であったわが国のことである。蔵書印が早くも天平期につかわれたことを思えば、その兄弟分の書票が、ヨーロッパより飛びはなれて早く現れたとしても不思議はないから、この説にいささかたりともけちをつける料簡は毛頭持ち合わせないが、後年作った書票を、所蔵の古い本に貼るケースも容易に考えられることであり、書物の出版年代と、その書物に貼付された書票とを、傍証固めをおろそかにして安易に同一時代と認定するのはすこぶる不安であると、解かりきったことを言ってみたいだけのことである。しかし、明治になってからの、いわゆるエクスリブリスの名によるヨーロッパ流の書票が普及する前に、それとは全く無関係に、わが国にも早くから寺院の文庫等で独自の書票が実用されていた事実は、現物が多数残存していて、まぎれもないことである。書票出現年代ではヨーロッパ各国とも、お国自慢をこめて、どうも皆、背伸びの傾向がうかがえる。

立派な書票で書物に対する愛惜の情を

わが蔵書印の古さについては前に述べたが、書物に印を直接押さないで、一度別の紙片に押したものを本に貼る、という念入りな使い方をした例が、昔の書物に残っている。貼用の形式とあっては、これは蔵書印というより書票の部類に入るわけだから、この形だと存外古く、これこそずば抜けて早期に日本の書票が生まれたかもしれないことが、想像しやすいのではあるまいか。ヨーロッパでは、印刷術以前の手写本の時代に、手書きのエクスリブリスを本文の手写と一緒に本に書き込むということも行なわれた。貼付が書票の条件とあれば、書込み書票は書票の定義にはずれるというので、特にスーパーエクスリブリスなる別称を設けて区別した人もある。

筆者の知っている最も凝った日本の書票はと申すと、ある有名な限定版の画集に、その画集の作者に乞うて、その本のために一枚だけの手書きの書票を特製してもらって貼り入れた、という例がある。もともと書票を本に貼りつけて所有者を明示すること自体、書物への愛執から発してのことには相違ないが、この第一義の書票の目的に加えて、更にその書物を美化し、価値を高めるような立派な書票を貼ってやることは、所有者の書物に対する格別の愛惜の表われとして大いに珍重したいところである。

かつて、書物が希少価値を持った財宝であった時代には、盗難を恐れるあまり、本を鎖でつないでおいたという、うそのような語り草さえ残っている。

エンゲージリングが女性をつなぐ鎖の象徴だとする伝で行くと、エクスリブリスは本をつなぎとめた時代の鎖の化身にほかならない。書物の貞操帯と言ってもよさそうである。その証拠に、昔の書票には本に対する執着と排他心とを思い切り露骨に表現したものが多々ある。「この本を読む者がどんなめにあうか、下に描かれた絞首台の絵を見よ」なんとこれがエクスリブリスの文句だから、執念のすさまじさに身の毛のよだつ思いである。日本の古書票でよく見かける標語には「門外不出」がある。借りもらいを恐れての持出し禁止である。前の絞首台のような、いかにも肉食人種らしい脂ぎったどぎつさはなく、表現は一応東洋流のベールでぼかされてはいるが、底に秘められた根強い占有欲と警戒心とはおおうべくもないのである。

書物に貼らずに小画片としての鑑賞に

EX-LIBRISという表記は、近年に至っては中のつなぎをはぶいたEX LIBRISの形が使われ始め、やがてEXLIBRISと続けてしまう簡略型がだんだん多くなり、最近では各国ともこれが主流となっている。もう一つの決定的大異変は、エクスリブリス本来の、書物の持ち主表示のための貼付という目的が、近年だんだんと薄れてきて、エクスリブリスという名の小画片として専ら鑑賞、収集の対象とする部面のウェイトが増してきたことである。王者の趣味、趣味の王者とか言われている切手趣味にはまだまだ遠く及びもないが、エクスリブリスの本筋からの逸脱という新事態に刺激せられて、その制作は量、質ともにかえって盛大となり、今や世界的な一つの新しい趣味の座を占めるに至ったことは、エクスリブリス五百年の歴史に画期的な大変革と申さねばならない。ただし、切手のようにエクスリブリスの売買を業とする商人はまだどこにも現われてはいない。

こうしてエクスリブリスの半身が根っからの宿主たる書物から浮き上がって、ついにこのような脱走事件を巻き越こすに至ったのは、どうしたわけであろうか。読書人口も限られ、出版産業も微力で、書物の供給力の低かった時代には、本は大切な品物であった。貴重度と流通量との比例関係は書物にも敏感に当てはまることは当然であるが、わが国の場合は、それに加えて儒教や仏教の影響で、ありがたい教えの書いてある書物を粗末に扱ってはばちが当たるという、漠然たる畏怖がついて回ったから、なおさらと言われている。ところが国連統計を持ち出すまでもなく、年間四億だの五億だのという途方もない書物の洪水にアブアブ言ってる時代になっては、エクスリブリスたるもの、後生大事に本にだけかじりついて安閑と昔の夢を見続けていられなくなり、身のふり方を顧慮し始めた、とでも申すのであろうか。エクスリブリスのこの変節を真っ向からヨロメキ呼ばわりをする慨嘆組もあるが、何事も時世につれての移り変りはまぬかれない。この際むきになって目くじらを立てないで、書物への永々の忠勤をねぎらいつつ、エクスリブリスのこの新しいアルバイトに温かい理解と寛容を示し、書物を抜け出したこの小画片の楽しさをあらためていたわり楽しんでやりたいものである。

日本はほとんど和紙に木版

ヨーロッパの古いエクスリブリスには、票主の家の武具の飾章などを物々しく図案したものが多い。これは紋章書票という一つのジャンルをなしているほどである。当時書物は庶民のものでなくエクスリブリスが特権のシンボルでさえあったことを物語っているが、わが国の古票には紋章書票といえるものは現われないで終わった。

彼我の違いは現在では書票の印刷様式にいちじるしい相違を見せている。わが国では、書票と言えば現在ほとんどが和紙に木版というのが定式で、木版は板目多色に限られていると申してもよろしい。欧米で主流の木口木版やエッチングその他もろもろの印刷技術は、何一つとして我らの手にないものはないのであるが、趣味に合わないとでもいうのであろうか、こちらは頑固に板目木版オンリーを守り続けている。前記のように、エクスリブリスも年々世界的交流が盛んになっていくのだから、この辺で我々も技術的拡大を心がけてもよさそうではある。しかし、ニシキエの名で海外でもよく知られているわが多色木版の技術は、モノクロ書票が主流の向こうでは、大いに珍重されて、日本の書票はどこでも引っ張りだこだというメリットはある。

先方では前記の小口木版、エッチングをはじめとして、石版、ステンシル、リノリュウム版、活版、さては浮出し印刷、写真製版によるもの等、すべての版式とあらゆる用紙とを縦横に使いこなしているのはさすがである。活版票は、こちらでは、図書館などの事務用書票に限られて、とても個人の趣味を満足させうる代物ではないが、先方ではローマ字活字の書体そのものが多分に美術的である上に、なにしろ活版印刷五百年の歴史に磨かれたセンスが物を言って、付属の花形やけい線の扱いもたくまずしてつぼにはまっていて、結構鑑賞に値する。

海外の書票界は機関誌、講演会など盛ん

最後に海外の書票界の模様を紹介しておきたい。主要国は皆エクスリブリスの有力な同好団体を持っている。中でも特に活発に動いていて対外交流にも熱心な団体で、我々の協会とも密接に提携しているのは、北のほうからフィンランド、スウェーデン、デンマーク、オランダ、ベルギー、ドイツ、オーストリア、フランス、イタリア、スペイン、ポルトガル、東欧のハンガリー、チェコ、ポーランド、アメリカ合衆国、アルゼンチン等の書票協会である。各協会とも、展覧会、講演会等のほか、機関誌をはじめ、作品年鑑、研究書その他の出版活動も盛んであるが、なんといっても圧巻は、これら日常活動の集大成ともいうべき世界書票会議である。目下のところヨーロッパ内に限られているが、各国の書票協会が回り持ちで隔年に開催する大規模な世界の愛票家の大顔合わせ研究会とでも称すべき会合。講演会、シンポジュウム、書票交換会、展覧会等々一週間くらいの日程だが、新聞や放送にも大きく扱われている有名な行事である。本年は第十三回目がハンガリーのブダペストで開かれる。

さて今日エクスリブリスの本場といってもよいヨーッロパで、エクスリブリス人口ははたしてどれくらいあるものだろうか。我々の日本書票協会の在外会員が全体の三分の一を占めている。その中にはヨーロッパ以外も含まれてはいるが、一つの目安として人口四百万のデンマークからの入会者が四十数名という数字がある。わざわざ厄介な海外送金をしてまで、はるばる極東の団体に仲間入りというのは、むしろ例外的なマニアと見るべきだから、少なくともその何十倍か、ことによったら何百倍もの広大な裾野の広がりを想像していいだろう。これから類推すれば、ヨーロッパ全体の書票人口の大きさが、おぼろげながら浮かび上がってこようというものである。

☆本稿は著作権者・志茂公子氏の承諾(平成30年9月27日)を頂き掲載するものである。
☆出典:見出し参照(発行/文化服装学院出版局)*現・学校法人 文化学園文化出版局

2 志茂太郎の略歴

西暦(和暦)	志茂太郎の歩み
1900年(明治33)	8月23日岡山県久米南町山ノ城の醸造家の長男として生まれる。
1919年(大正8)	東洋大学へ進学
1921年(大正10)	結婚
1924年(大正13)	東京の酒販売会社「伊勢元」へ入社
1925年(大正14)	東京の中野区に「伊勢元」の支店を設け同地へ移る。近くに住む恩地孝四郎と親交を結ぶ。
1934年(昭和9)	酒店経営のかたわらアオイ書房を興す。
1935年(昭和10)	恩地孝四郎の協力を得て、書物雑誌『書窓』を創刊する。
1942年(昭和17)	出版統制令によりアオイ書房を日本愛書会と改称。伊勢元を閉店。
1943年(昭和18)	1月から書票歴はじめる。
1944年(昭和19)	6月、『書窓』17巻5号をもって終巻。
1945年(昭和20)	4月頃、岡山県久米南町山ノ城へ疎開。
1957年(昭和32)	日本書票協会創立宣言
1977年(昭和52)	日本書票協会名誉顧問となる。
1980年(昭和55)	死去

3　日本書票協会の略年譜

西暦（和暦）	日本書票協会の歩み
1934年（昭和9）	志茂太郎「アオイ書房」を興す。
1935年（昭和10）	志茂太郎、恩地孝四郎の協力を得て、アオイ書房より書物雑誌「書窓」を創刊。
1942年（昭和17）	出版統制令により「アオイ書房」を「日本愛書会」と改称。
1943年（昭和18）	志茂太郎も「書票暦」始まる。12枚の書票を1月から12月の12枚の小形カレンダーに貼ったものを愛書会会員へ配布した。
1944年（昭和19）	志茂太郎「書窓」廃刊。「日本愛書会通信」第一号を愛書会会員へ送る。
1945年（昭和20）	志茂太郎が郷里の岡山県久米南町へ疎開のため日本愛書会は、以後1977年（昭和52）まで同地に本拠を置く。
1957年（昭和32）	志茂太郎は海外の書票協会にならって、日本書票協会を設立し、日本愛書会の会員が即日本書票協会会員となった。
1977年（昭和52）	愛書会の本拠を岡山から東京の文化出版局内へ移行、同時に会長志茂太郎は顧問に、新会長に坂本一敏、理事には今井田勲（文化出版局長）、今村秀太郎、八木福次郎が就任。
1978年（昭和53）	「日本愛書会通信」を廃して「日本書票協会通信」の名称を使い始める。しかし号数は継承し66号となった。発行所・文化出版局 編集者 山口博男

西暦（和暦）	日本書票協会の歩み
1980年（昭和55）	書票協会創立者志茂太郎永眠
1981年（昭和56）	「志茂太郎追悼記念票集」80部限定 日本書票協会が発行
1982年（昭和57）	文化出版局から日本書票協会編集の「日本の書票」が出版される
1983年（昭和58）	創立者志茂太郎の懇請をうけて会長の任にあった坂本一敏健康すぐれず辞任、後任会長に長谷川勝三郎就任、同時に海外書票に関心深い内田市五郎を理事に迎える
1986年（昭和61）	長谷川勝三郎第三代会長辞任につき、今井田勲が第四代会長に就任。第1回志茂太郎賞が坂本一敏に授与される。
1988年（昭和63）	斎藤専一郎、松菱多津男、山田慶七が理事に、クリフ・パーフィット、樋田直人が顧問に就任。第2回志茂賞を佐藤米次郎が受賞。
1989年（昭和64）	今井田勲病気加療のため退任、5代目会長に今村秀太郎就任
1989年（平成1）	東京銀座の養清堂画廊で協会後援による「紙の宝石展」開催
1990年（平成2）	第4回日本書票協会全国大会を東京にて開催。第3回志茂賞が徳力富吉郎へ授与された。
1992年（平成4）	第24回国際書票連盟（FISAE）札幌会議を開催。坂本一敏、長谷川勝三郎が理事を退任し星野清、今村喬が理事に就任

西暦（和暦）	日本書票協会の歩み
１９９３年（平成５）	日本書票協会創立50周年記念の集いを東京で開催。「紙の宝石・蔵書票の魅力」展が東京の「いわさきちひろ絵本美術館」で開催された。
１９９４年（平成６）	「続・現代日本の書票」発行。第６回日本書票協会全国大会を東京にて開催。第４回志茂賞が金守士夫へ授与された。
１９９５年（平成７）	日本書票協会通信１００号を発行、会員数は１１００名。
１９９６年（平成８）	斎藤専一郎第７代会長に就任
１９９７年（平成９）	関根烝治第８代会長に就任、事務局長に山口博男就任
２０００年（平成12）	「2000年記念新作蔵書票コンクール展図録」を出版
２００２年（平成14）	日本書票協会編著「書票愛 蔵書票の世界」が平凡社より出版される。青木康彦理事に就任。第10回日本書票協会全国大会を東京にて開催。
２００３年（平成15）	関根烝治会長を辞任（翌年１月 丹羽泰和第９代会長に就任）
２００４年（平成16）	「浜西勝則蔵書票１９８６―２００３」を日本書票協会より出版。日本・台湾日本交流展を東京で開催。第５回志茂賞が斎藤専一郎に授与された。
２０１０年（平成22）	青木、羽田両理事が「涌田利之自選全書票（１９９０―２００９）」を制作。第14回日本書票協会全国大会を東京で開催。第６回志茂賞を山高登が受賞。
２０１１年（平成23）	協会事務所を千代田区大手町から渋谷区道玄坂の龍昌ビルへ引越。志茂太郎コレクション書票展が岡山県久米南町図書館で開かれた。

西暦（和暦）	日本書票協会の歩み
２０１２年（平成24）	第15回 日本書票協会全国大会を東京で開催。
２０１３年（平成25）	札幌国際書票連盟会議二十周年祭を札幌にて開催。第７回志茂太郎賞を大本靖が受賞。
２０１４年（平成26）	第16回 日本書票協会全国大会を東京で開催。敦澤紀恵子著「獅子頭書票集」が日本自費出版文化賞大賞を受賞。第８回志茂太郎賞を関根烝治が受賞。青木、羽田両理事が「伊藤卓美全書票１９８６―４２０１３」編集・制作した。

（参考文献　日本書票協会刊　書票歴図録１９４３―２０１４の付録「日本書票のあゆみ」）

＊現在の日本書票協会が会員に配布している「書票通信」は２０１８年（平成30）７月時点で１６９号を数える。志茂太郎が前身の「日本愛書会通信」１号を出したのが１９４４（昭和18）だから74年続いていることになる。

あとがきにかえて

資料編に掲載した「蔵書票のはなし」は、現代の良寛と言われている〝松坂帰庵〟の事柄を調べている過程で発見した。編集も佳境の頃で、構成の変更などを考慮しなければならず、掲載を躊躇した。しかし読みながらも掲載は必然的なことだと感じた。孤軍奮闘、志茂太郎の蔵書票（書票）に対する熱い思いがひしひしと伝わってきたからである。天国の志茂太郎がその記事に引き寄せたようにさえ感じた。

どうしても再録したかった。紆余曲折あったものの、日本書票協会事務局の方、そして内田市五郎氏の「とてもいい文章だよ」の言葉のお陰で、最終的には現在の著作権者である、志茂公子氏と直接電話で話すことができて掲載を快諾いただいた。志茂公子氏は、あと2週間で82歳になると言っておられた。しっかりした声で承諾をいただいた。

いつもながら、本作りには著者、印刷会社、製本会社など多くの方が関わって出版される。今回はそれら関係者以外の多くの方の協力もあって、本書をこうして届けられる。感謝の気持ちでいっぱいである。心よりお礼を申し上げる。

倉敷ぶんか倶楽部

倉敷ぶんか倶楽部

倉敷ぶんか倶楽部（会長・小野敏也）は、1996年12月に郷土岡山の文化・歴史について、ときの流れのなかに埋もれたものや忘れかけているものの掘り起こし、また、いまあるものへの思索、そして新しいものへのかかわり、それらのコミュニケーションを視野にいれた活動を目的として発足。個々のもつ特異な能力を活かした地域への貢献をめざす。

〒700-0823 岡山市北区丸の内1-1-15 岡山禁酒會館　書肆亥工房内
E-mail：ishigai@snow.plala.or.jp

岡山文庫　311　日本書票協会の創設者
志茂太郎と蔵書票の世界

平成30年10月20日　初版発行

編　者　倉敷ぶんか倶楽部
編　集　石井編集事務所書肆亥工房
発行者　塩見千秋
印刷所　株式会社二鶴堂

発行所　岡山市北区伊島町一丁目4-23　日本文教出版株式会社
電話岡山(086)252-3175(代)　振替01210-5-4180(〒700-0016)
http://www.n-bun.com/

ISBN978-4-8212-5311-1

● 岡山県の百科事典

二百万人の **岡山文庫**

○数字は品切れ

1. 岡山の植物・西原礼之助
2. 岡山の祭と踊・神野力
(3.) 岡山の焼物・桂又三郎
(4.) 岡山の古墳・鎌木義昌
5. 岡山の民家・鶴藤鹿忠
6. 岡山の文学碑・山本遺太郎
7. 岡山の仏たち・脇田秀太郎
8. 岡山の動物・松本邦夫
9. 岡山の鳥・杉鮫太郎
10. 大原美術館・藤田慎一郎
11. 岡山後楽園・宗定克則・杉鮫太郎
12. 岡山歳時記・吉岡三平
13. 岡山の建築・巌津政右衛門
14. 瀬戸内海・緑川洋一
15. 岡山の民芸・外村吉之介
(16.) 吉備路・神野力
17. 岡山の魚・青木五郎
18. 岡山の昆虫・倉敷昆虫同好会
19. 岡山の城と城址・藤井駿・市川俊介
(20.) 岡山の果物・三宅忠一
21. 岡山の風物・岡山県広報協会
22. 吉備の女性・吉岡三平
(23.) 岡山の伝説・立石憲利
24. 岡山の酒・小出巌・西原礼之助
(25.) 岡山の街道・山陽新聞社
26. 岡山の絵画・脇田秀太郎・巌津政右衛門
(27.) 水島臨海工業地帯・平方与平
28. 岡山の旅・岡山県観光連盟
29. 蒜山高原・二若・富国・徳山
30. 岡山の歌謡・英玲二
(31.) 岡山の遺跡めぐり・間壁忠彦・葭子
(32.) 備前焼・小山冨士夫・藤原雄・中村昭夫
33. 岡山文学風土記・大岩徳二
(34.) 美作路・小山健三
35. 岡山の俳句・塩尻青笳・島津青沙
36. 岡山音楽夜話・保田太郎
37. 閑谷学校・巌津政右衛門・坂本一夫
38. 岡山の川柳・弓削川柳社
39. 岡山の民話・岡山民話の会
(40.) 岡山の刀剣・小林種次
41. 岡山の短歌・杉鮫太郎・藤原幾太郎
42. 岡山の医学・中山沃
43. 岡山の蘭草・鈴木尚夫・中村昭夫
(44.) 岡山の人物・黒崎秀明
(45.) 岡山の駅・難波数丸
46. 岡山の現代詩・坂本明子
47. 岡山の交通・藤沢晋
(48.) 岡山の教育・秋山和夫
(49.) 備中神楽・山根堅一・坂本一夫
50. 岡山の民具・鶴藤鹿忠
(51.) 岡山の宗教・長光徳和
52. 吉備津神社・藤井駿・坂本一夫
53. 岡山の貨幣・原三正
(54.) 岡山の古戦場・多和和彦
55. 岡山の石造美術・巌津政右衛門
(56.) 岡山の方言・十河直樹
57. 岡山の歴史・柴田一
58. 岡山事物起源・吉岡三平
(59.) 高梁川・宗田克巳
(60.) 岡山の干拓・吉岡三平・進昌三
61. 岡山の電信電話・萩野秀
62. 吉備高原・宗田克巳
63. 岡山のおもちゃ・吉永義光
64. 吉井川・宗田克巳
65. 岡山の港・巌津政右衛門
66. 岡山の絵馬と扁額・脇田秀太郎
(67.) 旭川・宗田克巳
68. 岡山の温泉・石井猛・圓堂稔
69. 岡山の県政史・蓬郷巌
70. 岡山の道しるべ・巌津政右衛門
71. 岡山の笑い話・稲田浩二・和子
72. 美作の歌舞伎芝居・二宮朔山
(73.) 岡山の民間信仰・三浦秀宥
(74.) 岡山の奇人変人・蓬郷巌
75. 岡山の食習俗・鶴藤鹿忠
76. 岡山の明治洋風建築・中力昭
77. 山陽路の地理散歩・宗田克巳
(78.) 岡山の風俗・蓬郷巌
79. 岡山の海藻・大森長朗
(80.) 岡山の書・佐藤英夫
81. 岡山浮世噺・岡長平
82. 岡山の神社仏閣・市川俊介
83. 中国山地・三浦秀宥・竹内平吉郎
(84.) 岡山の島・巌津政右衛門
85. 岡山の山と峠・宗田克巳
86. 吉備の石ぶみ・井上雄風
(87.) 岡山の怪談・佐藤米司
88. 岡山の自然公園・山陽カメラクラブ
89. 岡山の漁業・西川太
90. 岡山の天文気象・石田五郎・佐橋謙
91. 岡山の郵便・萩野秀
(92.) 岡山の鉱物・沼野忠之
93. 岡山のふるさと村・巌津政右衛門
94. 岡山の経済散歩・吉永義光
95. 岡山の庭・山本利幸・前田勝也
96. 岡山の匠・浅原健
97. 岡山の童うたと遊び・立石憲利
98. 岡山の衣服・福尾美夜
99. 岡山の民俗・土井卓治・佐藤米司・鶴藤鹿忠
(100.) 岡山の樹木・西原礼之助・古屋野寛

101. 岡山と朝鮮・西川　宏
102. 岡山の和紙・臼井英治
103. 岡山の艶笑譚・立石憲利
104. 岡山の文学アルバム・山本遺太郎
105. 岡山の映画・松田完一
106. 岡山の石仏・巌津政右衛門
107. 岡山の橋・宗田克巳
108. 岡山のエスペラント・岡　一太
109. 岡山の狂歌・蓬郷　巌
110. 百間川・岡山の自然を守る会
111. 夢二のふるさと・真田芳夫・葛原茂樹
112. 岡山の梵鐘・川端定三郎
113. 岡山の演劇・山本遺太郎
114. 岡山話の散歩・岡　長平
115. 岡山地名考・宗田克巳
116. 岡山の戦災・野村増一
117. 岡山の町人・片山新助
118. 岡山の会陽・三浦　叶
119. 岡山の石・宗田克巳
120. 岡山の滝と渓谷・川端定三郎
121. 岡山の味風土記・岡　長平
122. 目でみる岡山の明治・巌津政右衛門
123. 岡山の散歩道 東西・佐藤米司
124. 目でみる岡山の大正・蓬郷　巌
125. 児島湾・同前峰雄
126. 岡山の庶民夜話・佐上静夫
127. 岡山の修験道の祭・川端定三郎
128. 目でみる岡山の昭和Ⅰ・蓬郷　巌
129. 岡山のふるさと雑話・佐上静夫
130. 岡山のことわざ・佐藤・次田・竹内・福尾
131. 目でみる岡山の昭和Ⅱ・蓬郷　巌
132. 瀬戸大橋・ＯＨＫ編
133. 岡山の路上観察・香川・河原
134. 岡山の相撲・二宮朔山
135. 岡山の古文献・中野美智子
136. 岡山の門・小出公大
137. 岡山の内田百閒・岡　将男
138. 岡山の彫像・蓬郷　巌
139. 岡山の名水・川端定三郎
140. 両備バス沿線・両備バス広報室
141. 岡山の明治の雑誌・片山・来田・菱川
142. 岡山の災害・蓬郷　巌
143. 岡山の看板・河原　馨
144. 由加山・原　三正
145. 岡山の祭祀遺跡・八木敏乗
146. 岡山の表町・岡山を語る会
147. 逸見東洋の世界・臼井洋輔
148. 岡山ぶらり散策・河原　馨
149. 岡山名勝負物語・久保三千雄
150. 坪田譲治の世界・善太と三平の会
151. 備前の霊場めぐり・川端定三郎
152. 藤戸・原　三正
153. 矢掛の本陣と脇本陣・武・中山・岡田・池田・柴口
154. 岡山の図書館・黒崎義博
155. 岡山の戦国時代・松本幸子
156. 岡山の資料館・河原　馨
157. カブトガニ・惣路紀通
158. 正阿弥勝義の世界・臼井洋輔
159. 木山捷平の世界・定金恒次
160. 岡山の備前ばらずし・窪田清一
161. 良寛さんと玉島・森脇正之
162. 備中の霊場めぐり・川端定三郎
163. 岡山の多層塔・小出公大
164. 六高ものがたり・小林宏行
165. 下電バス沿線・下電編集室
166. 岡山の博物館めぐり・川端定三郎
167. 岡山の民間療法(上)・鶴藤鹿忠・竹内平吉郎
168. 吉備高原都市・小出公大
169. 玉島風土記・森脇正之
170. 洋学者箕作阮甫とその一族・木村岩治
171. 夢二郷土美術館・松田基・楢原雄一
172. 岡山のダム・川端定三郎
173. 岡山の森林公園・河原　馨
174. 宇田川家のひとびと・水田楽男
175. 岡山の民間療法(下)・鶴藤鹿忠・竹内平吉郎
176. 岡山の温泉めぐり・川端定三郎
177. 阪谷朗廬の世界・山下五樹
178. 目玉の松ちゃん・尾上松之助・中村房吉
179. 吉備ものがたり(上)・市川俊介
180. 中鉄バス沿線・中鉄バス企画部
181. 飛翔と回帰—国吉康雄の西洋と東洋・小澤善雄
182. 岡山の智頭線・河原　馨
183. 出雲街道・片山　薫
184. 備中高松城の水攻め・市川俊介
185. 美作の霊場めぐり・川端定三郎
186. 吉備ものがたり(下)・市川俊介
187. 津山の散策にし ひがし・黒田　晋・竹内平吉郎
188. 倉敷福山と安養寺・前川　満
189. 鷲羽山・山本慶一・西田正憲
190. 和気清麻呂・仙田　実
191. 岡山たべもの歳時記・鶴藤鹿忠
192. 岡山の源平合戦談・市川俊介
193. 岡山の氏神様・二宮朔山
194. 岡山の乗り物・蓬郷　巌
195. 岡山・備前地域の寺・川端定三郎
196. 岡山ハイカラ建築の旅・河原　馨
197. 牛《うし》窓《まど》を歩く・前川　満
198. 岡山のレジャー地・倉敷ぶんか倶楽部
199. 斉藤真一の世界・斉藤裕重・インイ省三
200. 巧匠 平櫛田中・原田純彦

201. 総社の散策・神野力・葛原克人・加藤信二
202. 岡山の路面電車・楢原雄一
203. 岡山ふだんの食事・鶴藤鹿忠
204. 岡山のふるさと市・倉敷ぶんか倶楽部
205. 岡山の流れ橋・渡邉隆男
206. 岡山の河川拓本散策・坂本亜紀児
207. 備前を歩く・前川満
208. 岡山言葉の地図・今石元久
209. 岡山の和菓子・太郎良裕子
210. 吉備真備の世界・中山薫
211. 柵原散策・片山薫
212. 岡山の岩石・野瀬重人・沼野忠之
213. 岡山の能・狂言・金関猛
214. 岡山の鏝絵・赤松壽郎
215. 山田方谷の世界・朝森要
216. 岡山おもしろウオッチング・おかやま路上観察学会
217. 岡山の通過儀礼・鶴藤鹿忠
218. 日生を歩く・前川満
219. 備北・美作地域の寺・川端定三郎
220. 岡山の親柱と高欄・渡邉隆男
221. 西東三鬼の世界・小見山輝
222. 岡山の花粉症・三好・難波・岡 岡野・山本
223. 操山を歩く・谷淵陽一
224. おかやま山陽道の拓本散策・坂本亜紀児
225. 霊山熊山・仙田実
226. 岡山の正月儀礼・鶴藤鹿忠
227. 原子物理学の父 仁科芳雄・井上泉・イシイ省三
228. 赤松月船の世界・定金恒次
229. 邑久を歩く・前川満
230. 岡山の宝箱・臼井洋輔・臼井隆子
231. 平賀元義を歩く・渡部秀人・竹内佑宜
232. 岡山の中学校運動場・奥田澄二
233. おかやまの桃太郎・市川俊介
234. 岡山のイコン・植田心壮
235. 神島八十八ヶ所・坂本亜紀児
236. 倉敷ぶらり散策・倉敷ぶんか倶楽部
237. 作州津山 維新事情・竹内佑宜
238. 坂田一男と素描・妹尾克己・イシイ省三
239. 岡山の作物文化誌・臼井英治
240. 児島八十八ヶ所霊場巡り・倉敷ぶんか倶楽部
241. 岡山の花ごよみ・前川満
242. 英語の達人・本田増次郎・小原孝
243. 城下町勝山ぶらり散策・橋本惣司・倉敷ぶんか倶楽部
244. 高梁の散策・朝森要
245. 薄田泣菫の世界・黒田えみ
246. 岡山の動物昔話・立石憲利・江草昭治
247. 岡山の木造校舎・河原馨
248. 玉島界隈ぶらり散策・小野敏也・倉敷ぶんか倶楽部
249. 岡山の石橋・北脇義友
250. 哲西の先覚者・加藤章三
251. 作州画人伝・竹内佑宜
252. 笠岡諸島ぶらり散策・NPO法人かさおか島づくり海社
253. 磯崎眠亀と錦莞莚・吉原睦
254. 岡山の考現学・おかやま路上観察学会
255. 「備中吹屋」を歩く・前川満
256. 上道郡沖新田・安倉清博
257. 続・岡山の作物文化誌・臼井英治
258. 土光敏夫の世界・猪木正実
259. 吉備のたたら・岡山地名研究会
260. いろはで綴る ボクの子供事典・赤枝郁郎
261. 民話の里 鏡野町伝説紀行・立石憲利・片田知宏
262. 笠岡界隈ぶらり散策・ぶらり笠岡友の会
263. つやま自然のふしぎ館・森本信一
264. 岡山の山野草と野生ラン・小林克己
265. 文化探検 岡山の甲冑・臼井洋輔
266. ママカリ ヒラに まったりサーラ・窪田清一
267. 岡山の駅舎・河原馨
268. 守分 十の世界・猪木正実
269. 備中売薬・土岐隆信・木下浩
270. 倉敷市立美術館・倉敷市立美術館
271. 津田永忠の新田開発の心・柴田一
272. 岡山ぶらりスケッチ紀行・南一平・網本善光
273. 倉敷美観地区 歴史と民俗・吉原睦
274. 森田思軒の世界・倉敷ぶんか倶楽部
275. 三木行治の世界・猪木正実
276. 岡山路面電車各駅街歩き・倉敷ぶんか倶楽部
277. 赤磐きらり散策・高畑富子
278. 岡山民俗館 民具一〇〇選・岡山民俗学会
279. 笠岡市立竹喬美術館・笠岡市立竹喬美術館
280. 岡山の夏目金之助(漱石)・横山俊之・熊代正英
281. 吉備の中山を歩く・熊代哲士・熊代建治
282. 備前刀 日本刀の王者・佐藤寛介・植野哲也
283. 繊維王国おかやま今昔・猪木正実
284. 温羅伝説・中山薫
285. 現代の歌聖 清水比庵・笠岡市立竹喬美術館
286. 鴨方往来拓本散策・坂本亜紀児
287. 玉島旧柚木家ゆかりの人々・倉敷ぶんか倶楽部
288. カバヤ児童文庫の世界・岡長平
289. 野﨑邸と野﨑武左衛門・猪木正実
290. 岡山の妖怪事典 妖怪編・木下浩
291. 松村緑の世界・黒田えみ
292. 吉備線各駅ぶらり散策・倉敷ぶんか倶楽部
293. 「郷原漆器」復興の歩み・高山雅之
294. 作家たちの心のふるさと・加藤章三
295. 自画像の異彩画家 河原修平の世界・倉敷ぶんか倶楽部
296. 岡山の妖怪事典 鬼・天狗・河童編・木下浩
297. 歴史・伝承・文学・アート 岡山の魅力再発見・柳生尚志
298. 井原石造物歴史散策・大島千鶴
299. 岡山の銀行 合併・淘汰の150年・猪木正実
300. 吹屋ベンガラ・臼井洋輔